DIÁRIO DE OAXACA

Obras do autor publicadas pela Companhia das Letras

Um antropólogo em Marte
Enxaqueca
Tempo de despertar
A ilha dos daltônicos
O homem que confundiu sua mulher com um chapéu
Vendo vozes
Tio Tungstênio
Com uma perna só
Alucinações musicais
O olhar da mente
Diário de Oaxaca

OLIVER SACKS

DIÁRIO DE OAXACA

Tradução:
LAURA TEIXEIRA MOTTA

COMPANHIA DAS LETRAS

Copyright © 2002 by Oliver Sacks
Copyright do mapa © 2002 by National Geographic Society
Copyright das ilustrações © 2002 by Dick Rauh
Todos os direitos reservados

*Grafia atualizada segundo o Acordo Ortográfico da Língua Portuguesa de 1990,
que entrou em vigor no Brasil em 2009.*

Título original
Oaxaca journal

Capa
Hélio de Almeida
sobre ilustração de Zaven Paré

Preparação
Beatriz Antunes

Revisão
Márcia Moura
Luciane Helena Gomide

Ilustrações de samambaias, de Dick Rauh.
Fotografia da p. 60, de *Strasburger's Textbook of Botany*.
Citação da p. 100, de Anthony F. Aveni.
Originalmente publicada em *Natural History*, abr. 2001.

Dados Internacionais de Catalogação na Publicação (CIP)
(Câmara Brasileira do Livro, SP, Brasil)

Sacks, Oliver
  Diário de Oaxaca / Oliver Sacks ; tradução Laura Teixeira
Motta — 1ª ed. — São Paulo : Companhia das Letras, 2012.

  Título original: Oaxaca journal.
  ISBN 978-85-359-2017-8

  1. Oaxaca — México — Descrição e viagens 2. Samambaias — México I. Título.

11-13634   CDD-917.274

Índice para catálogo sistemático:
1. Oaxaca : México : Descrição e viagens   917.274

[2012]
Todos os direitos desta edição reservados à
EDITORA SCHWARCZ LTDA.
Rua Bandeira Paulista 702 cj. 32
04532-002 — São Paulo — SP
Telefone (11) 3707-3500
Fax (11) 3707-3501
www.companhiadasletras.com.br
www.blogdacompanhia.com.br

Para a American Fern Society e os naturalistas amadores e apaixonados por plantas, pássaros, mergulho, estrelas, rochas e fósseis do mundo todo

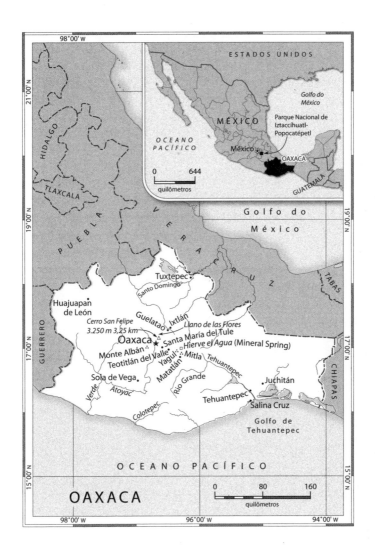

SUMÁRIO

Prefácio 11

Sexta-feira 13
*Voando para o México; plantas paleozoicas e o fã mirim
das samambaias; sociedade de amadores*

Sábado 26
*Primeira visão de Oaxaca; breve história do tabaco;
Santo Domingo e seus jardins de trífidos; pimentas, especiarias e chocolate; o último abacate selvagem; o mercado, dos sapotis aos minerais fluorescentes*

Domingo 38
*A caminho do Llano de las Flores; ciclo de vida das
samambaias; glória da manhã e outros alucinógenos do
Novo Mundo; primeiro encontro com Boone; observando
samambaias; leguminosas, amieiros e fixação do nitrogênio; pteridáceas belas e perigosas; súbito mal da altitude*

Segunda-feira 59
*A árvore do Tule; primeiras povoações mesoamericanas;
as ruínas de Yagul; samambaia da ressurreição; os eufônicos sulfetos de arsênio*

Terça-feira 67
*Um dia sozinho; o Zócalo; físicos bidimensionais; fusão
de culturas*

Quarta-feira 73
*As fontes hidrominerais e a cachoeira petrificada; relatos
e exposição no hotel; tesouros da vertente atlântica; a
estranha morte de Georgi Markov; casais de botânicos;
um estranho "sintoma": felicidade*

Quinta-feira 83
*Plantas do vale de Oaxaca; a história do México após a
conquista, segundo Luis; uma procissão religiosa; Mitla e
sua intricada construção em adobe; Matatlán,* maguey *e
mescal; gusanos de* maguey *e gafanhotos; a meiga capi-
vara; cerâmica; tecelagem e carmim de cochonilha*

Sexta-feira 97
*Eclipse lunar; a civilização de Monte Albán; astronomia
e religião pré-colombianas; o jogo de bola; borracha; o
humilde mas peremptório chamado da botânica criptogâmica*

Sábado 106
*Divina matemática; um encontro com a polícia; o
alojamento de Boone; flor de maracujá e beija-flores;
cavalinhas gigantes e histórias de calamites; o milho de
Boone; uma rara* Llavea *endêmica; museu e biblioteca de
artefatos pré-hispânicos; os paradoxos das culturas pré-
-colombianas*

Domingo 119
*Derradeira saída para ver samambaias; cães e um pique-
nique no vau; pôr do sol; despedida ao amanhecer*

PREFÁCIO

Muito me deleitaram os diários sobre história natural dos autores oitocentistas, que uniam o científico ao pessoal, em particular *Viagem ao arquipélago Malaio*, de Wallace, *Um naturalista no rio Amazonas*, de Bates, e *Notas de um botânico na Amazônia*, de Spruce, além da obra que inspirou todos eles (e também Darwin): a *Narrativa pessoal*, de Humboldt. Gostava de imaginar que Bates, Spruce e Wallace haviam entrecruzado seus caminhos em um determinado trecho da Amazônia durante os mesmos meses de 1849, e também de lembrar que os três foram grandes amigos. (Continuaram a se corresponder até o fim da vida, e Wallace publicaria as *Notas* de Spruce postumamente.)

Eram todos amadores, em certo sentido: autodidatas, automotivados e sem vínculo com uma instituição. E viviam em um mundo alciônico, assim me parecia, uma espécie de Éden ainda não turbulento nem afligido pelas rivalidades quase assassinas que logo viriam a imperar em um mundo cada vez mais profissionalizado (o tipo de rivalidade vividamente retratado no conto "A mariposa", de H. G. Wells).

Essa atmosfera afável e indene da era pré-profissional, regida pelo espírito de aventura e deslumbramento — e não pelo egoísmo e ânsia de prioridade e fama — ainda sobrevive em algumas partes, a meu ver, como em algumas sociedades de história natural e nas sociedades de astrônomos e arqueólogos amadores, cuja existência discreta, mas essencial, o público praticamente desconhece. Foi por pressentir uma atmosfera desse tipo que me vi atraído pela American Fern Society [Sociedade Americana das Samambaias] e que me senti impelido a embarcar com alguns de seus membros numa expedição para ver as samambaias de Oaxaca, no começo do ano 2000.

E foi, em parte, o desejo de explorar essa atmosfera que me instigou a escrever um diário da viagem. Houve muitos outros fatores, é claro: minha introdução a um povo, um país, uma cultura, uma história que me eram quase desconhecidos. Isso, em si, já era maravilhoso, uma aventura. E acontece também que todas as viagens me instigam a escrever diários. Faço isso desde os meus catorze anos. No ano e meio que se passou desde minha visita a Oaxaca, estive na Groenlândia e em Cuba, fui procurar fósseis na Austrália e investiguei uma estranha doença neurológica em Guadalupe, e todas essas viagens também renderam diários.

Nenhum deles tem a pretensão de ser abrangente ou erudito; são leves, fragmentários, impressionistas e, sobretudo, pessoais. Por que escrevo diários? Não sei. Talvez, antes de tudo, para dar clareza às ideias, organizar impressões numa espécie de narrativa ou história, e para fazer isso "em tempo real", não em retrospectiva nem tampouco mediante uma transformação imaginativa, como numa autobiografia ou romance. Escrevo esses diários sem pensar em publicá-los (os que escrevi no Canadá e no Alabama são os únicos publicados, e apenas por acaso, como artigos na revista *Antaeus*, trinta anos depois de escritos).

O que seria melhor? Ajeitar este diário, elaborá-lo, torná-lo mais sistemático e coerente — como eu faria com os meus diários volumosos e remodelados sobre a Micronésia — ou mantê-lo como foi originalmente escrito, como fiz com meus diários do Canadá e Alabama? Decidi pelo caminho do meio. Acrescentei algumas coisas (sobre o chocolate, a borracha, as coisas mesoamericanas), fiz algumas digressões variadas, mas essencialmente mantive o diário como foi escrito. Nem ao menos tentei dar-lhe um título apropriado. Era "Diário de Oaxaca" no meu caderno, e *Diário de Oaxaca* ficou.

O. W. S.
Dezembro de 2001

SEXTA-FEIRA

Estou a caminho de Oaxaca, onde vou me juntar a alguns amigos botânicos numa excursão para ver samambaias, louco para passar uma semana longe do gélido inverno nova-iorquino. Logo de saída, no avião — da AeroMexico — encontro uma atmosfera como nunca vi. Mal decolamos, todos ficam de pé — batendo papo nos corredores, abrindo pacotes de comida, amamentando bebês —, uma cena social instantânea, como num café ou mercado mexicano. É subir a bordo e já se está no México. Os avisos sobre o cinto de segurança ainda estão acesos, mas ninguém dá bola. Tive sensação parecida em aviões espanhóis e italianos, mas aqui ela é muito mais pronunciada: uma *fiesta* instantânea, uma atmosfera risonha e ensolarada que me envolve. Como é crucial ver outras culturas, perceber como elas são especiais, regionais, e como a nossa não tem nada de universal! Que rígida e sisuda, em contraste, é a atmosfera na maioria dos voos norte-americanos! Começo a pensar que vou me deleitar com essa visita. Hoje em dia muito pouco deleite é "permitido", em certo sentido. Mas, afinal, a vida não é para ser aproveitada?

Meu vizinho, um jovial empresário de Chiapas, me deseja "Bon appétit!" quando chega a comida, e em seguida diz o mesmo em espanhol: "¡Buen provecho!". Não consigo decifrar o cardápio, por isso digo sim à primeira coisa que me oferecem — um erro, pois trata-se de uma empanada, e eu preferiria frango ou peixe. Ser tímido e não saber falar outras línguas é um problema, infelizmente. Não gosto da empanada, mas como um pouco, isso fará parte da minha aculturação.

Meu vizinho pergunta por que estou indo ao México, e explico que faço parte de uma excursão botânica a Oaxaca, no sul. No avião há vários de nós vindos de Nova York e nos encontraremos com os outros na Cidade do México. Ao saber que é minha primeira visita ao México, ele fala calorosamente sobre o país e me empresta seu guia de viagem. Que eu não deixe de ver a colossal árvore de Oaxaca: tem mais de mil anos, é uma maravilha natural famosa. Sim, respondo, ouço falar dessa árvore desde menino, vi fotos antigas, é uma das coisas que me fez colocar-me a caminho de Oaxaca.

O mesmo gentil vizinho, reparando que para escrever arranquei as páginas finais e até a página de rosto de uma prova de livro, e que agora meu papel acabou e pareço aborrecido, me oferece duas folhas de um bloco amarelo (fiz a besteira de pôr o meu bloco amarelo e um caderno na bagagem despachada).

Ele observou que eu disse sim quando me ofereceram a empanada, obviamente sem ter ideia do que se tratava, e que de maneira também óbvia não gostei dela ao provar, por isso tornou a me emprestar seu guia de viagem e sugeriu que eu desse uma olhada no glossário bilíngue e ilustrado de comidas mexicanas. Eu deveria ter o cuidado, por exemplo, de distinguir entre *atún* e *tuna*, pois a palavra espanhola "tuna" não significa atum, e sim o fruto de uma pera espinhenta. Do contrário, toda vez que pedisse o peixe me traiam a fruta.

Encontro no guia uma seção sobre plantas e pergunto a ele sobre a *mala mujer*, ou mulher má, uma árvore de aspecto perigoso, com pelos urtigantes. Ele conta que, nos bailes de cidades pequenas, os rapazes espalham essas folhas por todo canto para ver as moças se coçarem. É um misto de brincadeira e crime.

"Bem-vindo ao México!", diz meu companheiro quando aterrissamos, e acrescenta: "Você vai descobrir muitas coisas incomuns e interessantíssimas". Quando o avião para, ele me dá seu cartão e oferece: "Telefone se houver alguma coisa que eu possa fazer para lhe ajudar enquanto estiver em nosso país". Dou-lhe meu endereço — escrito num descanso de copo, pois estou sem cartões. Prometo mandar-lhe um de meus livros, e, quando vejo que seu nome do meio é Todd ("meu avô era de Edimburgo"), comento que existe um tipo de paralisia chamada paralisia de Todd, que ocorre brevemente depois de certos ataques epilépticos, e prometo incluir uma curta biografia do dr. Todd, o médico que primeiro a descreveu. Estou muito comovido com a afabilidade e a cortesia desse homem. Será uma cortesia caracteristicamente latino-americana? Ou pessoal? Ou apenas um breve encontro daqueles que acontecem em trens e aviões?

Temos três horas ociosas no aeroporto da Cidade do México — um bom tempo antes da nossa conexão para Oaxaca. Quando saio para almoçar com dois membros do meu grupo (ainda os conheço mal, mas em poucos dias seremos próximos), um deles vê o caderninho em minha mão. "Sim", respondo, "talvez eu escreva um diário."

"E terá material de sobra", ele rebate. "Somos o maior bando de esquisitões que já se viu."

Que nada, penso comigo, é um grupo esplêndido: entusiasmados, sinceros, não competitivos, unidos pelo amor às samambaias. Amadores — amantes, no melhor sentido da palavra —, ainda que boa parte de nós tenha conhecimentos mais do que profissionais e uma imensa erudição. Ele me pergunta sobre meus interesses e conhecimentos específicos sobre samambaias. "Eu não... só estou pegando carona."

No aeroporto, encontramo-nos com um sujeito grandalhão, de camisa xadrez, chapéu de palha e suspensórios, que está chegando de Atlanta. Ele se apresenta — David Emory, e sua mulher, Sally. Conta que estudou com John Mickel (nosso amigo comum, que organizou esta viagem) nos idos de 1952, em Oberlin. John estava então cursando a graduação, David fazia pós. Fora ele quem transformara John num fissurado em samambaias. Ele diz que não vê a hora de encontrar com John quando chegarmos a Oaxaca. Só se viram duas ou três vezes depois de se formarem, há quase cinquenta anos. Todas as vezes em expedições botânicas, e a velha amizade, o velho entusiasmo ressurgiram na mesma hora. Tempo e espaço anulam-se quando os dois se encontram, convergindo de diferentes regiões e fusos horários, mas sintonizados em seu amor, em sua paixão pelas samambaias.

Devo confessar que, ainda mais do que as samambaias, aprecio as chamadas plantas afins: os licopódios (*Lycopodium*), as cavalinhas (*Equisetum*), as selaginelas (*Selaginella*) e as psilotáceas (*Psilotum*). Haverá muitas delas também, David me garante: uma nova espécie de licopódio fora descoberta em Oaxaca na excursão anterior, em 1990, e existem ali muitas espécies de selaginelas; uma, a "samambaia da ressurreição", pode ser encontrada no mercado. É uma roseta achatada e aparentemente morta, de um verde esmaecido, que revive surpreendentemente na primeira chuva. E em Oaxaca existem três cavalinhas, acrescenta David, uma delas, a maior do mundo. "E quanto a psilotáceas?", pergunto ansioso. "Há psilotáceas?" Psilotáceas também, ele me assegura. No mínimo duas espécies.

Quando menino eu já era grande admirador das primitivas cavalinhas e licopódios, porque eram os ancestrais de todas as plantas superiores.* No terreno do Museu de História Natural (em Londres, onde cresci) havia

---

* Era o que se acreditava na época. Hoje se sabe — com base no sequenciamento de DNA, e não só na morfologia ou na sequência das plantas antigas no registro fóssil — que essa linhagem simples não representa a realidade. As evidências são de que os licopódios, as samambaias (e seus aliados) e as plantas de semente constituem as três principais linhagens das plantas vasculares, que presumivelmente evoluíram todas de um mesmo ancestral do Siluriano.

um jardim fóssil, com troncos e raízes fossilizadas de licopódios e cavalinhas gigantes, e dentro do museu havia dioramas com reconstruções de como podem ter sido as antigas florestas do Paleozoico, com colossais árvores de cavalinha de trinta metros de altura. Uma tia mostrou-me cavalinhas modernas (apenas sessenta centímetros) nas florestas de Cheshire, com seus caules rígidos e articulados e pequenos cones nodosos no topo. Ela também havia me mostrado minúsculos licopódios e selaginelas, mas não me apresentara à mais primitiva de todas essas plantas, a psilotácea, que não existe na Inglaterra. As plantas semelhantes às psilotáceas, as psilófitas, foram as pioneiras, as primeiras plantas terrestres que desenvolveram um sistema vascular para transportar água pelos caules, o que lhes permitiu fincar pé em terra firme há quatrocentos milhões de anos e abriu caminho para todas as outras. A psilotácea, cujo nome popular é samambaia vassourinha, não era uma samambaia, pois não possuía raízes ou frondes, mas apenas um caule verde com bifurcações não diferenciadas, um pouco mais grosso que uma grafite de lápis. Apesar da aparência humilde, no entanto, era uma das minhas favoritas, e prometi a mim mesmo que um dia eu a veria na natureza.

Cresci nos anos 1930, e o jardim de casa era cheio de samambaias. Minha mãe gostava mais delas do que de plantas floríferas, e, embora tivéssemos roseiras em treliças nos muros, a maior parte dos canteiros era dedicada às samambaias. Tínhamos também uma estufa envidraçada, sempre cálida e úmida, onde pendia uma grande samambaia polipodiácea e onde podíamos cultivar delicadas samambaias himenofiláceas e samambaias tropicais. Às vezes, aos domingos, minha mãe ou uma de suas irmãs, que também eram entusiastas da botânica, me levavam ao Kew Gardens. Foi lá que vi pela primeira vez imponentes samambaias arbóreas coroadas por frondes a uns dez metros do chão e imitações das ravinas forradas de samambaias do Havaí e Austrália. Aqueles eram os lugares mais lindos que eu já tinha visto.

Minha mãe e minhas tias herdaram o gosto pelas samambaias do pai delas, meu avô, que veio da Rússia para Londres nos anos 1850, quando a Inglaterra estava acometida de pteridomania — a grande febre das samambaias da era vitoriana. Inúmeras casas, inclusive aquela em que cresci, tinham seu próprio terrário, ou "caixa de Ward", com várias samambaias, algumas raras e exóticas. A febre das samambaias já havia quase passado em 1870 (uma causa importante foi ter levado muitas espécies à extinção), mas meu avô conservou suas caixas de Ward até morrer, em 1912.

As samambaias me encantavam com suas vernações, seus báculos, sua aura vitoriana (em sintonia com as capas de babados nas poltronas e as cortinas de renda da nossa casa). Porém, em um nível mais profundo, elas me impressionavam por sua origem tão antiga. Todo o carvão que aquecia nossa casa, minha mãe me disse, era essencialmente composto de samambaias e outras plantas primitivas, submetidas a intensa compressão, e às vezes era possível encontrar fósseis desses vegetais se partíssemos pedaços de carvão. As samambaias haviam sobrevivido, com poucas mudanças, por um terço de bilhão de anos. Outras criaturas, como os dinossauros, haviam surgido e desaparecido, mas as samambaias, aparentemente tão frágeis e vulneráveis, haviam sobrevivido a todas as vicissitudes, a todas as extinções ocorridas no planeta. Minha noção de um mundo pré-histórico, de períodos de tempo imensos, foi estimulada primordialmente pelas samambaias e seus fósseis.

"Qual vai ser o nosso portão?", todos perguntam. "O portão dez", alguém responde. "Disseram que seria o dez."

"Não, é o três", diz outro. "Está no painel: portão três." Outro ainda ouviu dizer que partiremos do portão cinco. Tenho a curiosa sensação de que o número do portão, neste momento, ainda não está determinado. Passa-me pela cabeça a ideia de que existem apenas *boatos* sobre o número do portão até que, num ponto crítico, um dado número vence. Ou que o portão é indeterminado em um sentido heisenberguiano, somente se definindo no momento final (quando, se não me falha a memória, há o "colapso da função de onda"). Ou que o avião, ou sua probabilidade, parte simultaneamente de vários portões e segue todos os trajetos possíveis para Oaxaca. Leve tensão, espera, portão finalmente resolvido, aguardando chamada de embarque. A partida estava marcada para as 16h45, são 16h50 e sequer embarcamos. (De todo modo, o avião está lá fora, à espera.) Mais encontros. Agora há nove de nós, ou melhor, oito deles e eu. Afastei-me um pouco do grupo e estou sentado a alguns metros de distância deles, escrevendo em meu caderno.

Quase sempre há essa duplicidade do participante-observador, como se eu fosse uma espécie de antropólogo da vida, da vida terrestre, da espécie *Homo sapiens*. (Talvez por isso eu tenha usado a expressão de Temple Grandin no título de *Um antropólogo em Marte*, pois tanto quanto ela sou uma espécie de antropólogo, um "forasteiro".) Mas, afinal, não é assim com todo escritor?

Finalmente embarcamos. Meu novo companheiro de viagem, que não é parte do grupo, é um senhor calvo já entrado em anos, de pálpebras volumosas e barba comprida. Ele pede rum com coca diet (eu, muito careta, bebo suco de tomate). Acho estranho. "É para diminuir as calorias", ele graceja.

"E não tem rum diet também?", retruco.

17h25 O avião segue taxiando interminavelmente pela pista enorme, sacoleja e me impede de escrever. Essa cidade gigantesca, Deus do céu, tem uma população de dezoito milhões (ou vinte e três milhões, segundo outra estimativa), é uma das maiores e mais sujas cidades do mundo.

17h30 Decolamos! Quando sobrevoamos o borrão da Cidade do México, que parece ocupar o horizonte de ponta a ponta, meu companheiro diz de repente: "Está vendo ali? Aquele vulcão? É o Iztaccíhuatl. O topo está sempre coberto de neve. Ao lado dele está o Popocatépetl, com a cabeça nas nuvens". Num instante ele se tornou um homem diferente, orgulhoso de sua terra, querendo mostrá-la, explicá-la a um estranho.

A visão do Popocatépetl é impressionante, sua cratera

escancarada aos olhos ao lado de uma fieira de picos altaneiros cobertos de neve. Eu me pergunto por que os picos têm neve enquanto o outro cone, o vulcânico, mais alto, não tem — talvez seja porque há suficiente calor vulcânico, mesmo quando não ocorre erupção, para derreter a neve. Com essa orla mágica de picos belíssimos, é fácil entender por que os astecas estabeleceram aqui, a dois mil e trezentos metros, a sua capital, Tenochtitlán. Meu companheiro (agora no segundo rum com coca, ao qual aderi) pergunta por que vim ao México. Negócios? Turismo? "Nenhuma dessas coisas, para ser exato", respondo. "Botânica. Uma excursão para observar samambaias." Ele se encanta, diz que também aprecia samambaias. "Dizem que Oaxaca tem a mais variada população de samambaias no México", acrescento. O homem se admira. "Mas não vão se restringir às samambaias, não é?" E discorre com eloquência e fervor sobre os tempos pré-colombianos, o assombroso refinamento dos maias em matemática, astronomia, arquitetura, conta que eles descobriram o zero muito antes dos árabes, fala da riqueza de sua arte e simbolismo, diz que a cidade de Tenochtitlán abrigava mais de duzentas mil pessoas. "Mais que Londres, Paris e qualquer cidade na face da Terra naquela época, exceto talvez a capital do império chinês." Fala da riqueza e da força dos nativos, conta que atletas se revezavam em corridas de quatrocentos quilômetros, sem paradas, de Tenochtitlán até o mar, para que a família real pudesse comer peixe fresco todo dia. Da incrível rede de comunicação dos astecas, suplantada apenas pela dos incas, no Peru. Alguns de seus conhecimentos, de seus feitos, ele conclui, parecem sobre-humanos, como se fossem realmente os Filhos do Sol, ou visitantes de outro planeta.

E então — será que todo mexicano conhece sua história assim, discorre sobre ela demoradamente, nessa consciência dorida do passado? — e então chegou Cortés com seus conquistadores, trazendo não só novas armas como doenças para um povo que as desconhecia: varíola, tuberculose, doenças venéreas e até gripe. Eram quinze milhões de astecas no México antes da Conquista, mas em cinquenta anos restavam apenas três milhões — pobres, degradados, escravizados. Muitos foram mortos logo de saída, porém um número bem maior sucumbiu sem defesa às doenças importadas pelos europeus. A religião e a cultura nativas também se diluíram e empobreceram, e foram substituídas pelas tradições e igrejas estrangeiras dos conquistadores. Não obstante, porém, nasceu daí uma rica e fecunda mistura, uma miscigenação tanto cultural como física. Meu vizinho prossegue falando sobre a "dupla natureza, a dupla cultura" do México, dos mexicanos, das complexidades positivas e negativas dessa "história dupla". E, enquanto aterrissamos, ele fala das estruturas e instituições políticas do país, sua corrupção e ineficiência, e a extrema desigualdade de renda; diz que o México tem mais bilionários que qualquer outro país — exceto os Estados Unidos —, mas também mais gente vivendo em uma pobreza desesperadora.

Ao desembarcar em Oaxaca, avisto no aeroporto John e Carol Mickel, meus amigos do Jardim Botânico de Nova York. John é especialista em samambaias do Novo Mundo, principalmente as do México. Só na província de Oaxaca ele descobriu mais de sessenta novas espécies de samambaia (junto com seu colega mais novo, Joseph Beitel) e descreveu as mais de setecentas espécies da região em seu livro *Pteridophyte flora of Oaxaca, Mexico*. Ele sabe onde encontrar cada uma dessas samambaias, conhece melhor do que ninguém suas localizações às vezes secretas e mutáveis. John veio a Oaxaca muitas vezes depois de sua primeira viagem, em 1960, e foi ele quem organizou esta expedição para nós.

Embora ele seja um grande conhecedor da sistemática, do trabalho de identificar e classificar samambaias, rastreando suas relações e afinidades evolucionárias, também é, como todo pteridólogo, um consumado botânico e ecologista, pois não se podem estudar samambaias na natureza sem saber por que elas crescem como crescem, sem conhecer suas relações com outras plantas e animais, seus habitats. Carol, sua mulher, não é botânica profissional, mas o entusiasmo e os muitos anos de convívio com John tornaram-na quase tão perita quanto o marido.

Conheci John e Carol numa manhã de sábado, em 1993. Eu

morava no Bronx, bem perto do Jardim Botânico de Nova York, e naquele sábado estava passeando pelos jardins com meu amigo Andrew. Acabamos por entrar no antigo prédio do museu, e Andrew, que mais de uma vez ouvira minhas rapsódias sobre samambaias, avistou um cartaz sobre uma reunião da American Fern Society (AFS) naquele dia. Fiquei curioso. Nunca ouvira falar dessa sociedade. Enveredamos então pelas entranhas labirínticas do prédio e por fim, numa sala do andar superior, encontramos a reunião, um grupo de umas quarenta pessoas. Aquilo tinha um ar de coisa antiga, de evento vitoriano. Podia ser a reunião de uma sociedade de botânicos amadores dos anos 1850 ou 1870. John Mickel, vim a saber mais tarde, era um dos poucos botânicos profissionais do grupo.

Andrew cochichou: "Esta turma é a sua cara". Como sempre, ele tinha razão. Era mesmo o meu tipo de gente, e parece que me reconheceram, que me acolheram como um deles, um apaixonado por samambaias.

Era um pessoal interessante, bem heterogêneo. Gente mais velha, aposentada em sua maioria, mas também vários na casa dos vinte, alguns dos quais trabalhavam na estufa ou nas seções de horticultura do Jardim Botânico. Alguns eram profissionais de nível superior — médicos ou professores; havia diversas donas de casa e um motorista de ônibus. Alguns moravam na cidade e tinham sacada envidraçada no apartamento; outros possuíam grandes jardins e até estufas na área rural. A paixão por samambaias, percebi naquele momento, não respeitava nenhuma das categorias usuais; podia acometer qualquer um, de qualquer idade, e lhe tomar parte da vida. Algumas daquelas pessoas, descobri, haviam dirigido quase cem quilômetros para estar ali.

Participo frequentemente de reuniões profissionais, encontros de neurologistas e neurocientistas. Mas nessa reunião a sensação era bem diferente: uma liberdade, uma descontração e uma ausência de competitividade que nunca havia presenciado num encontro profissional. Talvez por causa da descontração e afabilidade, da paixão e do entusiasmo pela botânica compartilhados por todos, talvez por não sentir nenhuma obrigação profissional sobre os ombros, comecei a comparecer regularmente, todo mês, a essas reuniões. Antes disso eu nunca havia participado com convicção de nenhum grupo ou sociedade. Agora, ansiava pelo primeiro sábado de cada mês, e só mesmo se estivesse fora do país ou muito doente perdia a reunião mensal da AFS.

A sucursal nova-iorquina foi estabelecida por John Mickel em 1973, mas a American Fern Society nasceu nos anos 1890, fundada por quatro botânicos amadores que mantinham uma correspondência frequente e pormenorizada. Um deles publicou essas cartas no *Linnaean Fern Bulletin*, o que não tardou a atrair o interesse dos aficionados por samambaias de todo o país.

Amadores, pois, criaram a AFS, assim como amadores haviam fundado alguns anos antes a Torrey Botanical Society, uma sociedade botânica mais geral, sob a égide do famoso botânico John Torrey, e estabelecido a British Pteridological Society nos anos 1890. Um século mais tarde, o grosso dos membros da AFS ainda era composto de amadores e um ou outro profissional. Mas que amadores! Temos o velho Tom Morgan, que encontrei em minha primeira reunião, em 1993, e que vejo praticamente em todos os encontros desde então. Com longas barbas brancas e parecidíssimo com Darwin, Tom tem conhecimentos e energia inesgotáveis, apesar de sofrer da doença de Parkinson há alguns anos e de recentemente ter fraturado o quadril. Nada disso o intimida: ele escala os montes Adirondacks e as Rochosas, anda pelas florestas pluviais do Havaí e da Costa Rica, sempre de câmera e caderno em punho, registrando novas espécies e híbridos (um híbrido de *Asplenium* que ele descobriu recebeu seu nome, *Asplenium x morganii*), anotando localizações incomuns de samambaias, estranhas associações de samambaias com outras plantas e habitats específicos, além de usos culturais de samambaias (algumas culturas comem báculos, por exemplo, ou bebem chá da *Ophioglossum*). Ele, como foi Darwin, é o epítome do naturalista amador, mas também navega com total desenvoltura pelo que há de mais avançado na teoria evolucionária e na genética. No entanto, isso não passa de um hobby, uma ocupação secundária para Tom, que é físico, um pioneiro na ciência dos materiais. Tom já esteve em Oaxaca e me exortou a fazer esta viagem, embora ele próprio não vá conosco — este ano, vai a Porto Rico.

No trabalho de campo, na ciência de campo, a maior contribuição ainda vem dos amadores, como ocorre há séculos. No século XVIII, muitos dos amadores eram clérigos, como o reverendo William Gregor, que descobriu um novo elemento, o titânio, nas areias negras de uma paróquia vizinha, ou Gilbert White, cujo livro *Natural history of Selbourne* continua entre os meus favoritos. Uma capacidade especial de observar e lembrar detalhes, uma memória talhada para lugares, e o amor, um sentimento lírico pela natureza, são características desse tipo de mente naturalista. Nos anos 1830 se disse sobre William Smith, o "pai da geologia", que embora em idade avançada sua "memória espacial era tão exata que mesmo depois de muitos anos ele podia seguir direto até algum recanto da natureza para recuperar seus fósseis". Com Tom Morgan é a mesma coisa: ele se lembra, creio eu, de cada samambaia relevante que encontrou na vida — e ainda por cima se recorda de sua localização exata.

É comum que cometas e supernovas sejam localizados primeiro por astrônomos amadores (um deles, ministro na Austrália, que mesmo portando um pequeno telescópio fez um levantamento ímpar da incidência de supernovas em mil galáxias, e se recordava da localização exata de cada uma delas). Os amadores são essenciais em mineralogia. Independentes de subvenções ou de apoio profissional, eles vão a lugares que os profissionais podem não alcançar e descrevem novas espécies de minerais todo ano. Coisa parecida acontece com a procura de fósseis e a observação de pássaros. Em todos esses campos, o mais crucial não é necessariamente o treinamento profissional, mas o olho de naturalista, que provém de uma combinação de disposição inata, biofilia, experiência e paixão. Os amadores, no melhor sentido, possuem exatamente isto: paixão, amor por seu assunto, e em geral a experiência acumulada durante toda uma vida de intensa observação em campo. Os profissionais da Fern Society sempre reconheceram isso, e assim todos — contanto que amem as samambaias — são bem-vindos no grupo, mesmo os inexperientes. "O mais novato e a mais eminente autoridade sempre estiveram no mesmo patamar como membros", escreveu o presidente da AFS no quadragésimo aniversário da sociedade — e eu, aliás, sou um desses novatos.

SÁBADO

Grande parte dos trinta integrantes desta excursão é filiada à AFS, mas provém de diferentes partes do país: Nova York, Los Angeles, Montana, Atlanta. Hoje, em nossa primeira manhã em Oaxaca, começamos a nos conhecer melhor durante o café da manhã, e estamos ansiosos pelo primeiro vislumbre da cidade propriamente dita, uma antiga capital colonial cercada por uma cidade moderna onde vivem cerca de quatrocentas mil pessoas. Ao descermos a sinuosa ladeira do hotel na parte alta da cidade em nosso pequeno ônibus de turismo, paramos para apreciar a vista panorâmica de Oaxaca. Luis, que será nosso guia ao longo de toda a semana, aponta as inúmeras igrejas e os limites da velha cidade colonial. Ninguém presta a mínima atenção. John Mickel instantaneamente vasculha o meio-fio em busca de samambaias, enquanto John D. Mitchell, seu quase xará e colega botânico do Jardim Botânico de Nova York, está de olho também nos pássaros. Os nomes parecidos, John Mickel e John Mitchell, estão causando confusão e nos divertindo, coisa que também acontece no Jardim Botânico, pois os e-mails e telefonemas vivem sendo entregues ao John errado. Alguns de nós começam a se referir a John Mitchell como J. D. para distingui-lo de John Mickel. Não que exista alguma semelhança entre eles além dos nomes. John Mickel é um sessentão esguio e musculoso, sem barba, de grossas sobrancelhas grisalhas e olhos azuis; não importa o tempo, jamais usa chapéu. J. D. é mais moço, bem mais corpulento e tem uma barba enorme. De cabeçorra coberta por um chapéu de abas largas e binóculo sempre ao pescoço, ele lembra um pouco o professor Challenger do romance *O mundo perdido*, de Arthur Conan Doyle. J. D. pode até ser botânico, mas a primeira impressão que me causou hoje foi de um lírico observador de pássaros. Ele avista uma ave e aponta para ela com evidente empolgação. "Vejam, é um beija-flor cinzento saindo da *Ipomoea*", ele sussurra. "Não é lindo?... Opa! Tem uma mariquita-de-asa--amarela por lá, toda valentona, procurando insetos."

Scott Mori (também do Jardim Botânico de Nova York, como fico sabendo mais tarde, e este ano presidente da Torrey Botanical Society) entra de gatinhas no fundo de um penhasco e encontra tabaco silvestre. Examina a planta e declara: "Nicotiana glauca". Embora exista a *Nicotiana africana*, explica, o uso da *Nicotiana* como fumo tem origem no Novo Mundo, e data de pelo menos dois mil anos.

Tornamos a nos amontoar no ônibus rumo à cidade, e Scott nos lembra da história recente do tabaco. Acredita-se que essa planta tenha sido quase onipresente nas Américas no tempo de Cristo. Uma vasilha de cerâmica do século XI mostra um maia fumando um rolo de folhas de tabaco amarradas com um cordão — "sik'ar" é a palavra maia que significa fumar (e pensar que por anos fui um apreciador de charutos,* sem sequer imaginar que a origem da palavra era maia!).

Isso enseja uma discussão geral sobre a história do tabaco. Colombo, quando chegou ao Novo Mundo, ganhou dos nativos frutos e "certas folhas secas que exalam uma fragrância característica". As frutas ele comeu, mas como não sabia para que serviam as folhas, atirou-as ao mar. Poucos anos depois, ao chegar a Cuba e ver nativos fumando, outro explorador, Rodrigo de Jerez, levou o costume para a Espanha — mas quando seus vizinhos viram fumaça a sair-lhe pelo nariz e a boca, entraram em pânico e chamaram a Inquisição. Jerez ficou preso por sete anos. Quando saiu, o hábito de fumar estava na moda entre os espanhóis.

Há também, é claro, aquelas histórias que aprendemos na escola na Inglaterra — que sir Walter Raleigh introduzira a prática de fumar na nação britânica (seu criado pensou que o patrão

---

* Em inglês, a palavra "cigar" designa charuto. (N. T.)

estava pegando fogo e lhe despejou um jarro de água); que o tabaco foi honrado com uma menção no poema "The faerie queene", escrito em 1590 em honra à rainha Elizabeth i; que os elisabetanos, sem papas na língua, chamavam o tabaco de *sotweed*, ou "erva de entorpecer"; e que a própria rainha Elizabeth i, já em idade avançada, fora iniciada no hábito de fumar em 1600. E então, em rápida sucessão, o hábito de fumar foi criticado em *Worke of chimney sweepers* (1601), defendido em *A defense of tobacco* (1603) e censurado pelo rei James em pessoa *(A counterblaste...)*. Mas, apesar da desaprovação real e da taxação, em 1614 havia "em Londres e seus arredores sete mil lojas vendendo tabaco". Esse presente do Novo Mundo foi rapidamente adotado no Velho.

Chegamos ao centro velho de Oaxaca, onde o traçado das ruas conserva o reticulado em sentido norte-sul do século xvi. Algumas ruas, notamos, têm o nome de figuras políticas, como Porfírio Díaz; outras, para nossa satisfação, homenageiam naturalistas. Avisto a rua Humboldt — Alexander von Humboldt, o grande naturalista, que visitou Oaxaca em 1803 e descreveu sua jornada em *Narrativa pessoal*. John Mickel aponta o Parque Conzatti. Explica que Conzatti não foi botânico profissional, mas professor e diretor de escola que morou em Oaxaca nos anos 1920 e 1930. Era botânico amador, foi o primeiro pteridólogo do México e, em 1939, documentou mais de seiscentas espécies de samambaias mexicanas.

Nesse meio-tempo J. D. avista um tangará numa mangueira, e o adiciona à lista de aves que vem fazendo.

Paramos na grande igreja colonial de Santo Domingo. É enorme, deslumbrante, um templo que assoberba com sua magnificência barroca e no qual não se vê um único centímetro que não seja dourado. Cada polegada exala poder e riqueza, bradando que seus ocupantes possuíam tais qualidades. Quanto desse ouro, eu me pergunto, terá sido extraído pelo braço escravo? Quanto terá sido retirado dos tesouros astecas pelos conquistadores? Quanto de sofrimento, escravidão, rancor e morte compôs a construção dessa suntuosa igreja? Ainda assim, há no santuário figuras pequenas e de tez morena, e não as idealizadas e graúdas estátuas gregas. Sem dúvida foram usados modelos locais aos quais as imagens religiosas foram adaptadas. Uma gigantesca árvore dourada estampada no teto sustenta nobres da corte e clérigos em seus ramos — Igreja e Estado misturados, como um só poder. Uma pintura da Virgem, dourada, ornamentada, fulgura na penumbra da nave altaneira ("Deus do céu", sussurra J. D., "olhem para isso!"). Abaixo da pintura ajoelha-se uma mulher de túnica preta, freira talvez; ela eleva a voz intermitentemente, num cântico, ou invocação, alto e gutural. Está em estado de êxtase, de adoração. Tenho a impressão de que se trata de um teatro, uma atitude histriônica. Na minha opinião, se ela quer rezar, que o faça discretamente, sem todo esse escarcéu. Mas há quem ache bonito, comovente.

Do lado de fora da igreja, a rua está abarrotada de vendedores oferecendo redes, colares, facas de madeira, pinturas. Compro uma rede multicolorida e uma faca de madeira delgada. Scott faz o mesmo ("só para distribuir um pouco a renda", ele diz). Do outro lado da rua há estabelecimentos minúsculos, e entre eles noto uma clínica de "gastenterolia endoscopica". Eu me pergunto, absurdamente, por que alguém iria procurar colonoscopia, gastroscopia ou sigmoidoscopia nestes confins sagrados?

Luis, nosso guia, continua a nos cumular de informações: "Esta é a Casa de Cortés. Na verdade, Cortés nunca esteve aqui, mas, se alguma vez tivesse vindo a Oaxaca, *ficaria* aqui, moraria aqui. Esta é sua casa *oficial*". Ao lado dela, na rua, há um caminhão-tanque com a marca Milleania Gas pintada na carroceria.

E defronte à igreja, essa bela obra arquitetônica, há um jardim indescritivelmente feio: dois grandes quadrados de terra avermelhada plantados sem folga com *Echeveria* — uma suculenta arborescente bizarra, fantasmagórica, que lembra os trífidos da ficção de John Wyndham —, e nada mais. Ao que parece, existiu aqui um jardim belo e variado que, por alguma perversidade, foi removido e substituído por essa marciana paisagem vegetal de terra vermelha.

·30·

* * *

A alguns quarteirões de Santo Domingo, paramos numa minúscula mas fascinante e perfumada loja de especiarias. Meus companheiros botânicos ficam gastronômica e botanicamente extasiados. Scott me diz que havia no mínimo cento e cinquenta plantas domesticadas antes de Colombo. Identificamos as especiarias pelo nome em latim e o nome comum; tudo é cheirado, e as nuanças olfativas são identificadas. Vários de meus companheiros compram especiarias exóticas para levar para casa; eu, timidamente, contento-me com pistaches e passas.

Enormes torres compactadas de chiles lembram fardos ou castelos; têm cores vistosas — verde, amarelo, laranja, escarlate — estas últimas parecem ser bem características de Oaxaca. Há no mínimo vinte tipos de chile usados no dia a dia: *chile de agua*, *chile poblano* e *chile serrano* são os tipos frescos mais comuns; há também *chile amarillo*, *chile ancho*, *chile de arbol*, *chile chipotle*, *chile costeno*, *chile guajillo*, *chile morita*, *chile mulato*, *chile pasilla de Oaxaca*, *chile piquín* e toda uma família de chiles que atendem pelo nome de *chilhuacle*. Serão espécies distintas ou variedades produzidas por domesticação? Todas, presumivelmente, diferem em gosto, textura, ardência, complexidade e um sem-número de outras categorias às quais o palato dos oaxaquenses é sensível. Em Nova York, tenho apenas um vidro com o rótulo "chile em pó", que representa bem o grau de sofisticação que eu tinha até agora.

Em frente à loja de especiarias há uma fábrica de chocolate. Havíamos sentido o cheiro a um quarteirão de distância, um aroma de sementes de chocolate sendo torradas e misturadas a chile, canela, amêndoa, cravo-da-índia. A fábrica tem uma fachada bem pequena, mas quem entra lá, vindo do sol ofuscante, e passa pelos sacos de sementes de cacau que quase bloqueiam a entrada, desemboca num espaço interno espantosamente profundo e cômodo. Um de meus companheiros, Robbin Moran, conta-me sua experiência com cacaueiros. Homem tímido e discreto, de óculos com armação de chifre, Robbin parece um pós-doutorando prestes a completar trinta anos, mas na verdade é um jovial quarentão e, como John, trabalha como curador de samambaias do Jardim Botânico de Nova York.

Os cacaueiros têm folhas grandes e lustrosas, e suas florzinhas e grandes frutos arroxeados brotam diretamente do caule. Abrindo-se a fruta, aparecem as sementes, embutidas numa polpa esbranquiçada. As sementes do cacau são cor de creme, mas expostas ao ar, depois de aberto o fruto, tornam-se cor de lavanda ou roxas. A polpa tem quase a consistência do sorvete, diz Robbin, e um delicioso gosto adocicado. "Encontrar alguns cacaueiros é uma das recompensas de fazer coleta de campo", ele comenta. "Não se acha uma plantação de cacau desativada todo dia, mas há muitas delas aqui no México, e também no Equador e na Venezuela." A polpa doce e mucilaginosa atrai animais silvestres, ele explica. Os bichos comem a polpa e descartam as sementes amargas, que podem então virar novas mudas. Os frutos duros não se abrem espontaneamente e nunca poderiam liberar suas sementes, não fosse pelos animais atraídos pela polpa. Os humanos primitivos provavelmente observaram os animais e os imitaram, especula Robbin, e sempre que topavam com um pé de cacau abriam os frutos e comiam a parte doce.

Ao longo talvez de milhares de anos, os antigos mesoamericanos aprenderam a valorizar também as sementes, descobrindo que, se elas fossem retiradas do fruto junto com um pouco de polpa e deixadas assim por cerca de uma semana, tornavam-se menos amargas graças à fermentação. Podiam então ser secas e torradas, produzindo o aroma integral do chocolate, exatamente como este que estamos sentindo.

As sementes torradas, agora de um marrom forte, são descascadas e postas num moedor. E então acontece o milagre final, porque o que sai do moedor não é um pó, mas um líquido quente, pois a fricção liquidifica a manteiga de cacau e produz um espesso licor de chocolate.

Apesar da aparência e do aroma sedutores, esse licor, amaríssimo, é quase intragável. Os maias produziam uma versão diferente, o *choco haa* (água amarga), um líquido espesso, frio e amargo, já que eles desconheciam o açúcar, e o fortificavam com especiarias, com fubá e às vezes com chile. Os astecas, que o chamavam de *cacahuatl*, consideravam-no a bebida mais nutritiva e fortificante, e a reservavam para os nobres e reis. Tinham-na como um alimento dos deuses, e acreditavam que a árvore do cacau era originária do paraíso, de onde havia sido roubada pelo deus Quetzalcoatl — que descera do céu num raio da estrela da manhã com um pé de cacau nas mãos — e trazida para os homens. (Na verdade, Robbin diz, o cacau deve ser originário da Amazônia, como tantas espécies; de todo modo o mito permanece lembrado no nome latino da planta, *Theobroma*, que significa "alimento dos deuses".) A planta, na melhor das hipóteses rara, está quase extinta na natureza, como a tamareira e o abacateiro, conta Robbin.* Mas é cultivada no México há mais de dois mil anos, e não apenas para a produção da bebida divina: as sementes de cacau eram símbolo de fertilidade, representadas em esculturas e entalhes, e também serviam como moeda (quatro sementes de cacau compravam um coelho; dez, uma prostituta; cem, um escravo). Portanto, Colombo levou sementes de cacau para Fernando e Isabel a título de curiosidade, mas ignorava suas qualidades especiais como bebida.

Mitos parecem cercar a história do cacau. Outra lenda diz que Montezuma bebia entre quarenta e cinquenta xícaras de chocolate espumante todo dia, o que tinha para ele um efeito afrodisíaco. Outras lendas contam que quando Montezuma ofereceu a Cortés uma xícara de chocolate, este sentiu vertigem ao provar da bebida amarga e picante, mas não tanto que deixasse de reparar que a xícara era de ouro puro, deduzindo que o México devia estar repleto de ouro a ser pilhado — ou que aquela

---

* Connie Barlow, em seu livro *The ghosts of evolution*, aventou que o abacateiro quase se extinguiu na natureza em razão do desaparecimento, há doze ou treze mil anos, do gigantesco *Toxodon* e de outros mamíferos vegetarianos colossais: preguiças terrestres gigantes, gliptodontes e gonfotérios, cujo tamanho lhes permitia engolir inteiro o fruto do abacateiro com sua enorme semente; eles defecavam depois as sementes em várias partes da floresta. Hoje, extintos os mamíferos gigantes, animais menores, como o tapir, só conseguem roer em volta da semente e depois a cospem, o que não colabora para a distribuição necessária. Basicamente, hoje é só a agricultura humana que mantém vivo o abacateiro, assim como a tamareira. Por ironia, também pode ter sido a intervenção humana, pela caça, que levou à extinção os gigantescos mamíferos do Plistoceno.

bebida amarga, se fosse adoçada, encantaria toda a Europa e garantiria um lucrativo monopólio para a Espanha. Dizem que as primeiras plantações de cacau foram planejadas pelo próprio Cortés. Na fábrica de chocolate, oferecem-nos xícaras fumegantes da bebida adoçada e misturada a amêndoas e canela, à moda de Oaxaca. O preparado é semelhante ao que foi criado no século XVI pelos espanhóis, que mantiveram o complexo processo de refino em segredo por mais de cinquenta anos. O segredo acabou vazando, e nos anos 1650 havia casas de chocolate em Amsterdã e Londres, em pouco tempo encontradas também no restante da Europa (foram, aliás, as predecessoras das casas de chá e dos cafés). A bebida de chocolate era um sucesso na corte francesa, que prezava suas qualidades afrodisíacas — Madame de Pompadour a misturava com âmbar-gris, Madame du Barry a servia a seus amantes, e Goethe nunca viajava sem seu bule de chocolate.

Uma *madeleine* abriu as comportas da memória de Proust, evocando um mundo de recordações e significados íntimos. Aqui, nesta fábrica de chocolate de Oaxaca, aconteceu o oposto: o conhecimento reunido sobre o chocolate — dado em parte por minhas leituras, em parte por Robbin, e também pelo proprietário da fábrica — parece ter invadido a xícara de chocolate que bebo agora, dando-lhe uma dimensão e uma profundidade especiais.

Mas o que há no chocolate para provocar esse desejo tão intenso e universal? Por que ele se disseminou tão depressa pela Europa tão logo o segredo foi descoberto? Por que hoje em dia chocolate é vendido em cada esquina, incluído na ração dos soldados, levado à Antártida e nas viagens espaciais? Por que toda cultura tem seus chocólatras? Será por conta da textura inigualável, especial, pela sensação que se tem quando ele derrete na boca à temperatura do corpo? Ou será pelos leves estimulantes, cafeína e teobromina, que ele contém? A noz-de-cola e o guaraná os possuem em quantidades maiores. Será a feniletilamina, um leve euforizante supostamente afrodisíaco existente no chocolate? Queijos e salames contêm mais. Será porque o chocolate, com sua anandamida, estimula os receptores canabinoides do cérebro? Ou será, talvez, algo totalmente diferente, ainda desconhecido, algo que poderia fornecer pistas cruciais para novos aspectos da química cerebral, sem falar na estética do paladar?

Voltamos para o ônibus carregados de chocolates e especiarias e começamos a viagem de volta ao hotel. Como é sábado, dia de mercado, fazemos uma última parada no mercado principal, um pombal de barracas que oferecem couros, tecidos e roupas e que ocupa um quarteirão inteiro.

Nosso grupo, é claro, demora-se diante das frutas e hortaliças, faz uma amostragem física e mental de cada uma, passa de complexas definições e comparações botânicas a suspiros extasiados (ou, de vez em quando, um *eca!*) depois de provar os diversos espécimes. Há bananas com uma enorme variedade de cores e tamanhos — uma delas, verde e minúscula, inesperadamente é a mais doce de todas. Laranjas, limas, tangerinas e limões, além de toranjas — estas, com contornos de pera, são as antecessoras silvestres do grapefruit (e suas sementes, lembra alguém do grupo, foram originalmente trazidas de Barbados, no século XVII, por um certo capitão Shaddock). Há *manzanitas*, que parecem nêsperas, mas não são; Scott diz que elas crescem no *Crataegus*, o pilriteiro americano, e que me mostrará uma dessas plantas durante as nossas excursões.

Há sapotis do tamanho de bolas de tênis e com a casca preta esverdeada. São chamados de ameixa-tâmara, alguém diz, e crescem no "marmeleiro". Desconfio que estão me fazendo de bobo. Enterro os dentes na polpa negra e descubro que é viscosa como um caqui, mas seu gosto não se parece nada com o da tâmara, da ameixa, do marmelo ou do caqui. Há goiabas, maracujás e papaias, além de suculentos frutos vermelhos de vários tipos de cacto: alguns da espécie *Stenocereus thurberi*, o cacto cuja forma lembra os tubos de um órgão, outros de opúncia, um cacto que parece uma pera espinhenta. A polpa do maracujá faz pensar em ova de rã ou salamandra, mas para mim essa é a fruta mais deliciosa de todas.

Quanto às hortaliças, a variedade também é imensa. Nunca imaginei que existissem tantos tipos de feijão, e isso me lembra que o feijão, ao lado do milho, continua a ser o alimento básico na Mesoamérica, como tem sido desde o nascimento da agricultura aqui, há oito mil anos. Rico em proteínas, o feijão tem aminoácidos complementares aos do milho, e os dois juntos fornecem todos os aminoácidos de que precisamos. Vemos pedaços de calcário gredoso branco, que são moídos junto com o milho e tornam os aminoácidos mais digeríveis.* Há jacatupés (*Pachyrhizus erosus*), cujas enormes raízes cônicas têm gosto de castanha-d'água e ervilha doce. Há tomates de inúmeros tipos, e ainda mais comuns são os *tomatillos*, de polpa verde e casca com textura de papel, que são usados para fazer salsa verde. Os tomates e *tomatillos*, reflito, assim como o "milho indígena" e as batatas, foram presentes do Novo Mundo à Europa, que nunca tinha visto coisa parecida. (Os tomates, aliás, foram por muitos anos vistos com desconfiança, até que por fim as pessoas acreditaram que não eram venenosos. Como as batatas, eles pertencem à família *Solanaceae*, na qual figuram várias plantas particularmente letais, entre elas o estramônio e o meimendro. O tomate e a batata são membros do mesmo gênero da mortífera erva-moura, por isso talvez seja compreensível a hesitação.)

E é claro que, sendo loucos por samambaia, não poderíamos deixar de notar que algumas espécies são vendidas aqui para fins medicinais — cavalinhas desidratadas para tratar de doenças do sangue e problemas diuréticos, rizomas de uma *Phlebodium*, rosetas desidratadas de samambaia da ressurreição, aquela que David mencionara no aeroporto, mesmo que ninguém ali parecesse saber o que se fazia com elas.

As belas cebolas brancas, as bananas, as galinhas depenadas, as carnes penduradas em ganchos... as sandálias, os chapéus (compro um de palha, magnífico, um *sombrero*, por um dólar), a cerâmica e as esteiras. Mais que tudo, a fascinante humanidade. Esse mercado é tão rico, tão variado, que, relutante, deixo o cader-

---

* Robbin e eu, apreciadores que somos dos minerais fluorescentes, ficamos curiosos acerca do calcário (víramos a calcita fluorescente na mina Franklin, em New Jersey), e levamos um pedaço para o hotel. Examinamos o material com a luz ultravioleta que Robbin trouxera. Era vivamente fluorescente e tinha uma forte fulguração alaranjada, como brasa de carvão.

no de lado. Seria preciso mais talento e energia do que possuo para começar a fazer justiça a estas cenas mirabolantes. E também receio incomodar, parecer um turista insensível.

Anseio pela câmera, embora fotografar talvez venha a ser ainda mais inconveniente (como são alguns forasteiros, que andam pelo mercado sem comprar nada, mas fotografam tudo e todos que acham pitoresco). De volta ao ônibus, faço breves anotações: porcos, de todos os tamanhos, amarrados pelas pernas traseiras. Ovelhas, cabras, carcaças esfoladas — fedor! Cabras no leito seco do rio. Vendedores de carvão e lenha.

Bernal Díaz del Castillo marchou com Cortés, e em seu livro *Historia verdadera de la conquista de la Nueva España* (que escreveu bem mais tarde, na velhice), ele descreveu o grande mercado próximo a Tenochtitlán que viu em 1519. Sua lista das riquezas ocupa várias páginas e inclui, nas "classes de mercadorias", uma imensa variedade, desde facas de pedra até escravos:

Cada tipo de mercadoria tinha seu lugar determinado. Comecemos com os negociantes de ouro, prata e pedras preciosas, penas, mantas e bordados. E outras mercadorias havia, consistindo em escravos índios, homens e mulheres [...] vinham alguns amarrados em varas compridas, no pescoço uma coleira para que não fugissem, e outros eram deixados livres. Em seguida havia outros mercadores que vendiam grandes peças de pano e algodão e artigos de corda torcida, e havia os *cacahuateros*, que vendiam cacau [...] Havia vendedores de roupas de sisal e das cordas e sandálias que eles calçam, feitos dessa mesma planta, e raízes e outros tubérculos doces cozidos. [...] Em outra parte havia peles de tigres e leões, lontras e chacais, veados e outros animais, texugos e leões-da-montanha, algumas curtidas, outras em bruto, e outras classes de mercadorias.

Díaz interrompe-se vezes sem conta para acrescentar algo novo, com a cena de quase cinquenta anos antes, ainda vívida na mente daquele octogenário agora quase cego:

[...] feijões e sálvia e outras hortaliças e ervas [...] aves, galos com papada, coelhos, lebres, veados, patos selvagens, filhotes de cão e outros artigos do gênero [...] fruteiros [...] comidas prontas, massas e tripas [...]

todo tipo de cerâmica em mil formas diferentes [...] mel e pasta de mel e outras iguarias como pasta de nozes [...] madeira de construção, tábuas, vigas, blocos e bancadas [...] papel [...] tabaco e unguentos amarelos [...] e muita cochonilha é vendida nas galerias que existem nesse grande mercado [...] ia-me esquecendo dos que vendem sal, e dos que fazem facas de pedra [...] cuias e jarros vivamènte pintados feitos de madeira.

Gostaria de ter descrito tudo o que lá se vende, mas tantas coisas há e tão variadas, e o grande mercado com suas galerias circundantes era tão abarrotado de gente que não teria sido possível ver tudo e indagar sobre todas as coisas em dois dias.

DOMINGO

Faremos hoje uma saída botânica, começando pelas montanhas e seguindo até o Llano de las Flores (campo das flores) — embora estejamos em janeiro, no meio da estação seca, e não haja flores. Os montes e vales centrais estão ressequidos, desérticos e pardacentos. (Difícil imaginá-los diferentes, mas creio que devo voltar na estação das chuvas, quando estarão atapetados de *Rigidella*, uma íris com vistosas flores escarlates.)

Reunimo-nos do lado de fora do hotel, com equipamentos das mais variadas formas e tamanhos para o passeio em altitude elevada e com muita umidade. Logo subiremos a quase três mil metros. Vestimos camadas de roupas que tiraremos gradualmente e tornaremos a vestir, camada por camada, conforme passarmos do vale tropical à floresta pluvial, quase congelada no inverno. Levamos também utensílios de colecionador — em grande parte, sacos plásticos para os espécimes de plantas (bem diferentes das latas da minha mocidade!) — e também lentes, câmeras, binóculos pendurados no pescoço. Vários de nós levam "a bíblia", *Pteridophyte flora of Oaxaca, Mexico.*

Uma moça (trabalha no jardim botânico local) está levando uma prensa para plantas, o que suscita perguntas sobre o que nos será permitido coletar. Esporos podem ser coletados sem problemas, somos informados. John fala sobre modos de dobrar o papel para acondicionar os esporos — modos "eficientes e seguros". "Não usem fita adesiva, os esporos grudarão nela!", ensina. Mas existem regulamentos rígidos para a coleta de quaisquer outras coisas, e não temos licença para levar plantas para os Estados Unidos. Podemos pegar frondes isoladas, mas não as plantas ou mudas, e somos incentivados a documentar tudo em fotografia. (Quase todo mundo trouxe uma lente macro; fiz a besteira de deixar a minha em Nova York, mas o que eu tenho e mais ninguém tem é uma câmera estereoscópica.) E temos conosco Dick Rauh, ilustrador botânico e professor do Jardim Botânico de Nova York, que irá desenhar tudo o que for de interesse — em tamanho natural e em belíssimas ampliações de dez a quinze vezes o tamanho real. Leva consigo um bloco para esboços, canetas, lápis, um conjunto de lentes potentes e um microscópio portátil.

Dick só se tornou ilustrador botânico depois de se aposentar de uma carreira longa e bem-sucedida como desenhista de créditos de filmes, e agora está quase concluindo um doutorado em botânica, graças ao qual tem bons conhecimentos sobre as plantas que pretende desenhar. Fascina-me a relação entre conhecimento e percepção, e pergunto a ele sobre o assunto. Comento sobre os admiráveis desenhos de plantas feitos por *savants* autistas, desenhos baseados puramente na percepção, sem nenhum conhecimento de botânica. Mas Dick garante que em seu caso o conhecimento e a compreensão apenas aguçam a percepção, não a comprometem; por isso as plantas agora lhe parecem mais interessantes, mais milagrosas, e ele consegue transmitir e enfatizar isso através de um desenho ou fotografia de uma maneira que antes lhe era impossível pela falta de conhecimento e intenção.

Levaremos de duas a três horas para chegar ao campo, distante uns oitenta ou noventa quilômetros de onde estamos, fazendo paradas pelo caminho. Essa parte do trajeto, pela rodovia Panamericana, já foi uma estrada asteca, conta Luis. Mas saímos da Panamericana por alguns quilômetros e seguimos pela rodovia 175, que liga as cercanias do oceano Pacífico ao golfo do México. No entroncamento há uma estátua de Benito Juárez rodeada por painéis que contam a sua vida. Luis, num tom de afeição e reverência, promete que mais tarde nos contará tudo sobre ele. Diz que Juárez nasceu no vilarejo de Guelatao, por onde passaremos.

Seguimos para a serra Madre Oriental. Pergunto a Scott a

respeito da profusão de flores vermelhas que avistamos pelo caminho. São *Solanum*, ele explica. Diz que algumas outras espécies do mesmo gênero são dispersadas por morcegos e têm flores esverdeadas ou brancas, ao passo que estas, dispersadas por pássaros, têm flores vermelhas. As que os morcegos dispersam não gastam energia metabólica produzindo o que, para elas, seria um pigmento inútil.

Scott e eu conversamos sobre a coevolução das plantas floríferas e dos insetos nos últimos cem milhões de anos, o desenvolvimento das cores, formas e odores chamativos com os quais as plantas atraem insetos e aves para suas flores. E falamos sobre como certos tipos de frutas vermelhas e alaranjadas parecem só ter surgido há aproximadamente trinta milhões de anos, lado a lado com a evolução da visão tricromática nos macacos e grandes símios (embora a visão tricromática já houvesse evoluído nas aves muito antes). Essas frutas, essenciais na dieta de muitos macacos, evidenciavam-se aos olhos tricromáticos em meio ao emaranhado da vegetação da floresta, e as plantas, por sua vez, dependiam dos macacos para dispersar suas sementes nas fezes.

A maravilha dessa coevolução, dessa adaptação mútua, é fundamental para os interesses de Scott. Ele e a mulher, Carol Gracie, juntos ou separadamente, passaram a vida investigando o tema. Embora eu também aprecie a beleza dessas adaptações, prefiro o mundo verde e inodoro das samambaias, um mundo antiquíssimo, tal como era antes da chegada das flores. É também um mundo onde, com um recato encantador, os órgãos reprodutivos — estames e pistilos — não se oferecem escandalosamente, mas ficam escondidos com certa delicadeza na parte inferior das frondes luxuriantes.

Muito depois de a sexualidade das plantas floríferas ter sido reconhecida, a reprodução das samambaias continuou a ser um mistério. Acreditava-se, Robbin me disse, que as samambaias tinham sementes — senão como poderiam se reproduzir? —, mas, como ninguém conseguia vê-las, eram consideradas singulares, quase mágicas. Sendo invisíveis, pensava-se, poderiam dar invisibilidade a outros. "Temos a receita da semente de samambaia, ficamos invisíveis", diz um dos facínoras de Fallstaff em *Henrique IV*. Nem mesmo o grande Lineu, no século XVIII, sabia como as samambaias se reproduziam, e cunhou o termo criptogamia para denotar a natureza oculta e misteriosa dessa reprodução. Só em meados do século XIX descobriu-se que, além da conhecida samambaia com frondes dotadas de esporos, o esporófito, há também uma planta minúscula em formato de coração, que facilmente passa despercebida, e que é essa, o gametófito, que possui os verdadeiros órgãos sexuais. Assim, ocorre uma alternância de gerações nas samambaias: os esporos das frondes, quando encontram um habitat adequadamente úmido e sombrio, desenvolvem-se e se tornam pequeninos gametófitos. É destes, quando fertilizados, que cresce o novo esporófito, o bebê-esporo.

CYATHIA SP.
FRONDE DE SAMAMBAIA ARBORESCENTE

A maioria dos gametófitos, por exemplo as hepáticas, é muito parecida. A beleza das samambaias, sua imensa variedade de formas — as majestosas samambaias arborescentes, as minúsculas himenofiláceas, as de frondes delicadamente rendadas e divididas, as de folhas grossas e não divididas, como a chifre-de-veado, e os asplênios — tudo isso existe em forma de esporófito. E os próprios soros têm diversas formas: parecem bolhinhas ou búzios, em algumas espécies, massas pastosas em outras, e elegantes linhas paralelas nos asplênios e em outras. Uma das graças de observar samambaias é virar as frondes férteis e encontrar esses esporângios. John Mickel é fascinado pela fertilidade, pelos esporângios das samambaias. "Ohhh!", ele exclama diante de uma *Elaphoglossum*, "que beleza, esporângios rompidos do outro lado". Ou, de uma *Polystichum speciosissimum*: "Olhem só essas escamas e as margens recurvadas!". E de uma *Dryopteris*, que ele acaba de encontrar na floresta: "Fértil como um alce!", diz fitando os esporângios. "John tem orgasmos pteridológicos", Robbin cochicha, gracejando. Já presenciei muitos deles nas reuniões de sábado do nosso grupo de aficionados. Sua voz se alteia, ele agita os braços, se expressa em linguagem mirabolante (já comparou esporos a caviar): "Isso faz meu coração palpitar".

Minha inclinação, como a de John, sempre foi a botânica criptogâmica; para mim, as flores, tão floreadas e explícitas, são um exagero.

Aliás, muitos outros pensam assim, e nos encontros de sábado da AFS qualquer alusão a plantas floríferas tende a vir acompanhada de alguma desculpa gozadora: "Que me desculpem a menção...", ou "Sei que vocês não vão gostar disso, mas...". Quem nos ouvisse poderia ter a impressão de que ainda vivemos num mundo paleozoico, sem flores, e no qual os insetos não têm nenhum papel e os esporos são dispersados pelo vento e a água. (Devo acrescentar, para ser justo, que também pouco nos referimos a plantas inferiores às samambaias — musgos, hepáticas, algas marinhas etc. — e imagino que eu, com minha predileção pelas primitivas plantas semelhantes às samambaias e pelos musgos, seja suspeito de apostasia.) Obviamente, para todos nós a paixão específica pelas samambaias está inserida em um contexto botânico e ecológico muito mais amplo — até o mais fervoroso sistemata tem consciência disso. Mas de vez em quando, por nostalgia ou como piada interna, fingimos não ter interesse pelo resto do mundo vegetal.

Apesar disso, há vários especialistas em plantas floríferas entre meus companheiros de viagem, por exemplo J. D. e Scott. Agora, quando passamos de ônibus por árvores carregadas de magníficas flores brancas, Scott chama nossa atenção para elas. São ipomeias arborescentes. Eu estranho: ipomeias? Do mesmo gênero da glória da manhã? Sim, diz Scott, e da batata-doce também. Recordo meus tempos na Califórnia, no começo dos anos 1960, quando sementes de glória da manhã — ao menos as da variedade *Heavenly Blue* — eram usadas por seus efeitos psicodélicos, pois continham compostos de ergot, derivados do ácido lisérgico, semelhantes ao LSD. Eu pegava três ou quatro pacotes dessa semente preta, dura e angulosa, pulverizava-as num almofariz e depois — essa era minha inovação especial — misturava as sementes moídas num sorvete de baunilha. Sobrevinham náuseas intensas e breves, seguidas de visões de um céu ou inferno muito pessoais. Muitas vezes desejei que chegasse o lugar e a hora certos para uma nova dose — e seria no sul do México, onde a glória da manhã cresce em abundância nas montanhas, e suas sementes, *ololiuhqui*, podem ser guardadas indefinidamente sem perder a potência. Dizem-me que a própria planta (que os astecas chamavam de *coatl-xoxo-uhqui*, ou cobra verde, por seu hábito de crescer como uma trepadeira sinuosa) era considerada planta sacramental e usada na presença de um curandeiro.

Em *Plants of the gods*, o grande etnobotânico Richard Evans Schultes e o químico Albert Hoffmann (o primeiro a sintetizar LSD e a relatar seus efeitos) descrevem como cada cultura descobriu plantas com poderes alucinógenos ou intoxicantes, poderes esses que, em vários casos, foram considerados sobrenaturais ou divinos. Mas o Velho Mundo nada sabia sobre as potentes drogas alucinógenas do México — *Ololiuhqui* (que quando descoberta pelos espanhóis foi chamada de "semente da Virgem", *semilla de la Virgen*); o cogumelo sagrado *Psilocybe mexicana*, chamado de *Teonanacatl*, ou carne de Deus, cujos componentes ativos também são derivados do ácido lisérgico; e no norte do México, em conjunto com parte do sul dos Estados Unidos, os brotos de *Lophophora williamsii*, o cacto peiote, às vezes chamado de "botões de mescal" (embora não tenham relação alguma com o mescal, a bebida destilada feita com a planta do agave).

Enquanto o ônibus sacoleja montanha acima, Scott e eu conversamos sobre essas plantas e os alucinógenos sul-americanos mais exóticos, como o *ayahuasca* (o cipó da alma), feito a partir do cipó amazônico *Banisteriopsis caapi*, que William Burroughs e Allen Ginsberg descrevem em *Cartas do Yage*; sobre os pós ricos em triptamina — *virola, yopo, cojoba* —, que são muito semelhantes quimicamente, com uma estrutura parecidíssima com a do neurotransmissor serotonina, e costumam ser usados por inalação; e sobre o fato de todas terem sido descobertas em tempos pré-históricos (por acidente ou tentativa e erro?). E nos perguntamos por que plantas botanicamente tão diferentes teriam convergido, por assim dizer, formando compostos tão similares, e que funções teriam esses compostos na vida da planta: meros subprodutos do metabolismo (como o índigo encontrado em tantas plantas), úteis para dissuadir predadores (como a estricnina e outros alcaloides amargos), ou substâncias essenciais nas próprias plantas?

É extraordinário viajar ao lado de Scott. Ele identifica, ou pelo menos é capaz de fazê-lo, tudo o que vemos; conhece cada planta em seu significado e contexto; e todo o universo da evolução, competição e adaptação passa por sua mente enquanto percorremos nosso caminho. Isso me lembra outra viagem de ônibus, pelo estado de Washington, que fiz com uma amiga natural de Guam. Seus conhecimentos de geologia davam vida a toda a paisagem inorgânica, a todos os tipos de terreno que víamos. Aliás, seu interesse principal também é a pteridologia, mas sua percepção geológica dava uma dimensão e um significado adicionais a tudo que víamos.

Boone está no ônibus conosco. Ainda não sei muito bem quem ele é ou o que faz. Sei apenas que é um velho e respeitadíssimo amigo de John Mickel — os dois se conheceram aqui em Oaxaca, em 1960 — e que desde aquela época Boone trabalha aqui como botânico ou agricultor. Ele tem uma casa para receber botânicos visitantes que, parece-me, fica no alto das montanhas, perto de Ixtlán, e daqui a alguns dias iremos para lá. Boone deve estar na casa dos setenta; apesar de baixo, é corpulento, robusto e ágil, com uma cabeça de linhas elegantes encimada por um topete.

Ele é evidentemente um especialista em árvores de Oaxaca, e agora que nos aproximamos do topo das montanhas — e os carvalhos e pinheiros dominam a vegetação — ele se levanta no ônibus e começa a falar. "A maioria dos carvalhos está num estado de evolução tão ativo que não pode ser identificada", diz. "Algumas obras científicas falam em trinta espécies, outras em duzentas — e elas se cruzam constantemente." Os primeiros pinheiros que vemos têm agulhas e cones curtos. Mas algumas centenas de metros acima, os pinheiros têm agulhas mais longas e cones maiores: outra espécie.

Nuvens nos cumes das montanhas — que vista fabulosa! Subimos mais um pouco, e Boone aponta para um magnífico abeto-de-douglas à nossa esquerda, em um afloramento íngreme. Ele conta que este bosque de abetos-de-douglas foi descoberto em 1994 por um botânico do Museu de História Natural da Hungria. É a população mais meridional dessas árvores no planeta. Boone prossegue falando sobre a riqueza botânica sem igual de Oaxaca, uma fronteira onde plantas de origem setentrional, como os abetos, misturam-se a plantas sul-americanas que migraram para o norte.

Outras plantas: *Abies oaxacana*; madrones (*Arbutus*, de madeira vermelha, casca que se desprende); pincéis de índio (*castillejas*) cor de laranja ao longo da estrada, misturados a tremoços-de-flor-azul; e a uma lobélia roxa. Florzinhas amarelas — cravos-de-defunto. Outras compostas amarelas são menosprezadas, chamadas de "MCA" (malditas compostas amarelas). As plantas da família das compostas incluem o dente-de-leão, o áster, os cardos e outras, cujo capítulo é composto de florículos que se irradiam de um disco central. Estão entre as flores silvestres mais comuns, e costuma ser difícil identificá-las. Os observadores de pássaros também cunharam expressões para situações semelhantes: existem as aves bonitas, as interessantes e os "PP" (passarinhos pardacentos), que esvoejam por toda parte e distraem a atenção.

O ônibus sobe, sobe, e chegamos ao topo da crista, 2560 metros acima do nível do mar. Uma estrada de madeireira segue à esquerda até o topo do Cerro San Felipe. Aqui é mais frio e mais úmido, e há mais musgos para ver. Quando começamos a descer, percorremos menos de três quilômetros e paramos numa pequena ravina chamada Río Frío. John Mickel identifica de pronto uma nova samambaia, um asplênio, *Asplenium hallbergii*. Como um bobo, indago: "Quem foi Hallberg?". John me olha de um jeito estranho e diz "Pergunte ao Boone!".

E investe sobre outra samambaia, uma *Anogramma leptophylla*. "Esta é uma das grandes samambaias do mundo! Seu tamanho total não chega a cinco centímetros de altura. É uma belezinha, só cresce em lugares altos." Passa depressa a outra samambaia, *Adiantum*, uma avenca, e a outra, um asplênio.

John se empolga com quase todas as samambaias que vemos, e quando lhe perguntam qual é a sua favorita, ele tem dificuldade para achar uma resposta. "Quando se fala em cultivo de samambaias", diz, "eu me pego mencionando a samambaia avestruz [*Matteuccia Struthiopteris*], mas um minuto depois a favorita é a samambaia do outono [*Dryopteris erythrosora*]. O fato é que tenho trezentas samambaias favoritas. Adoro a 'avestruz' por seu formato de peteca e seus estolhos que crescem muito espalhados. E a 'outono' pelos soros vermelhos e as frondes escuras lustrosas, que permanecem aprumadas e verdes mesmo durante o inverno. Gosto da avenca do Himalaia [*Adiantum venustum*] pela beleza delicada. Algumas das minhas favoritas trazem recordações especiais — encontrei a samambaia da floresta mexicana [*Dryopteris pseudo-filix-mas*] no topo do Cerro San Felipe, aqui em Oaxaca, quando fazia mais de cem anos que ninguém a coletava. Para estudos científicos, a *Anemia* e a *Elaphoglossum* têm meu voto, embora a *Cheilanthes* e a *Selaginella* não fiquem atrás. Como escolher entre várias filhas?

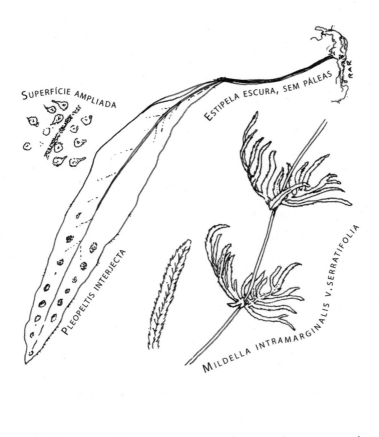

São todas maravilhosas, e, quanto mais as conhecemos, mais as amamos."

Minha atenção se dispersa um pouco — vejo que estamos rodeados de sálvia com um aroma adocicado. E lindos copos-de--leite num prado em que há um aviso em espanhol, o qual decifro a duras penas: "Quem desrespeitar esta propriedade será preso". Ou fuzilado, decapitado, castrado.

"Esta é a *Pleopeltis interjecta*", John prossegue. "Grandes soros arredondados com esporos amarelos", diz olhando os aglomerados de esporângios, "um esplêndido espécime! Outra Midella, de margens lisas, *M. intramarginalis*. Se for serreada, é *serratifolia*." A cabeça roda com tantas samambaias e nomes diferentes; eu me afasto e vou perambular um pouco a sós, de olho numa árvore linda, coberta de musgos e liquens. Quando as samambaias me assoberbam, preciso descer de nível, ir para formas mais simples, que me exigem menos. Para apreciar esse micromundo, só com uma lupa potente — cada um trouxe a sua — ou mesmo com um microscópio portátil (como o que Dick tem); só assim podemos ver as minúsculas estrelas de musgos, os mimosos cálices dos liquens.

Vou para perto de Robbin, que está na margem de um riacho. Ele mostra hepáticas e um ceratofilo, *Anthoceros*, no qual se pode ver uma bactéria verde-azulada fixadora de nitrogênio, *Nostoc*. Os animais, os vegetais superiores e até as ceratofiláceas, ele diz, podem se achar superiores, mas em última análise são todos dependentes de aproximadamente cem espécies de bactérias, pois só elas conhecem o segredo de fixar o nitrogênio do ar para que seja possível construir proteínas.

"Eis uma *Elaphoglossum*, finalmente!", exclama John Mickel, subindo um rochedo. "Existem seiscentas espécies. São todas parecidas. Esta é…" Ele hesita, virando e revirando a planta sob a lupa. "Esta é uma *E. pringlei*, acho."

A maioria das samambaias é razoavelmente fácil de se distinguir e identificar pelo tamanho, forma e cor das frondes, pelo modo como se divide, pelas nervuras, o tipo e a localização dos soros, os hábitos gerais. Mas a *Elaphoglossum* é mais complicada. Em seu rápido, minucioso e quase intuitivo exame, John deve ter buscado algumas diferenças muito sutis, como a forma e distribuição das páleas nas lâminas, características visíveis apenas com lupa.

Quando pergunto a Boone sobre a *Asplenium hallbergii*, ele delicadamente deixa passar minha gafe: eu não sabia que Hallberg é *ele*, e que essa espécie foi batizada em sua homenagem, Boone Hallberg. (Eu não tinha me dado conta disso, ou me esquecera, porque todos aqui só o chamam de Boone.) O misterioso Boone me deixa curioso. Vou juntando fragmentos: ele não é só um botânico sistemata, diz Scott. Seu interesse sempre foi mais voltado para a agricultura e a ecologia. Veio para o México ainda jovem, atraído pelas necessidades especiais de Oaxaca. Preocupava-se sobretudo com o desmatamento, e se empenhou em despertar o interesse pelo replantio de árvores nos moradores de diversos vilarejos. Ele parece ter o dom de se comunicar diretamente e sem dificuldade com os moradores da região e conseguir que eles próprios tomem as iniciativas. Interessa-se também pelos problemas e possibilidades da agricultura, em especial os potenciais de novos tipos de milho.

Boone parece falar espanhol com a mesma fluência e conhecimento de expressões peculiares que os naturais de Oaxaca — está agora absorto numa conversa com Fernando, o filho do motorista. Fernando talvez tenha uns sessenta anos a menos que Boone, mas os dois se mostram totalmente à vontade, o velho e o menino. Aliás, tenho a impressão de que o povo daqui o vê como uma espécie de figura paterna.

Agora me lembro — não tinha feito a associação antes — de que o livro de Mickel e Beitel, a bíblia das samambaias, é dedicado a Boone, pois foi ele quem sugeriu a John que catalogasse as samambaias de Oaxaca. Disse que Oaxaca era provavelmente mais rica em samambaias do que qualquer outro estado mexicano, e talvez a área menos estudada. John, estimulado pela sugestão, fez várias viagens nos anos 1960 e 1970, coletando quase cinco mil espécimes em todo o estado. O próprio Boone contribuiu com outras quinhentas, no começo dos anos 1970, muitas delas raridades. Em 1988, quando *Flora* foi publicado, John e seus colegas haviam descoberto nada menos que sessenta e cinco novas espécies de samambaia e catalogado seiscentas e noventa no total, só em Oaxaca. Boone esteve por trás de tudo isso, forneceu casa e comida, serviços de guia, apoio logístico e transporte.

Aqui no México, Boone está dizendo, é preciso usar a cabeça para saber das coisas. Nos Estados Unidos tudo é publicado, organizado, conhecido. Aqui tudo está sob a superfície, e a mente é desafiada o tempo todo.

A riqueza das samambaias de Oaxaca parece milagrosa. Em New England, ao contrário, não existe mais que uma centena de espécies, e talvez em toda a América do Norte existam apenas umas quatrocentas. Samambaias crescem em todas as latitudes — trinta valentes espécies na Groenlândia, por exemplo —, mas o número é muito maior conforme nos aproximamos do Equador. Há quase mil e duzentas na Costa Rica, onde Robbin dá um curso ano sim, ano não. E existe uma variedade incrível de formas, tamanhos, aparências, famílias inteiras de samambaias sem representante nas zonas temperadas. Em Oaxaca, também, há todo tipo de habitat, desde o árido vale central (um platô de mil e quinhentos metros de altura), até a floresta pluvial, a mata nebular e as encostas das montanhas. Samambaias arborescentes, samambaias trepadeiras, samambaias himenofiláceas: todas estão presentes aqui, numa diversidade sem paralelo.

O pensamento de Robbin e o meu, descobrimos, voltava-se para a pequena ceratofilácea que vimos perto do riacho, com sua preciosa carga de bactérias fixadoras de nitrogênio. Somos banhados em nitrogênio; quatro quintos da atmosfera compõem-se desse elemento. Todos nós, animais, plantas e até fungos precisamos produzir ácidos nucleicos e aminoácidos, peptídeos e proteínas. Mas nenhum organismo além das bactérias é capaz de usá-lo diretamente. Por isso, somos todos dependentes dessas bactérias fixadoras de nitrogênio para converter o nitrogênio atmosférico em formas de nitrogênio que possamos usar. Sem isso, a vida na Terra nunca teria ido muito longe.

O cultivo intensivo de uma única planta tende a exaurir rapidamente o nitrogênio do solo, mas os mesoamericanos, como outros povos agrícolas, descobriram cedo, por tentativa e erro, que plantar feijão ou ervilha junto com milho pode ajudar a recuperar a terra mais depressa. (Também descobriram que o amieiro, embora não seja leguminosa, é igualmente capaz de fertilizar e enriquecer o solo, possibilitando um cultivo mais intensivo de outras plantas. O plantio de amieiro já era parte integrante da agricultura mexicana em 300 a.C.) Na Europa, salienta Robbin, muitas outras leguminosas, como o trevo, a alfafa e o tremoço, eram cultivadas para alimentar animais, e tinham ainda maior eficácia que o feijão e a ervilha para restaurar o nitrogênio do solo. Na China e no Vietnã, prossegue Robbin, empolgando-se com o tema, o grande restaurador não é uma leguminosa, nem uma planta florífera, mas uma minúscula samambaia aquática, *Azolla*, que engloba a cianobactéria *Anabaena azollae* e vive com ela. O arroz, em plantações semissubmersas, cresce com muito mais vigor quando se planta *Azolla* na lama — no Vietnã, ela é chamada de "esterco verde".

Embora esses conhecimentos práticos estejam disponíveis desde a Idade da Pedra, ninguém sabia exatamente por que funcionavam. Davam certo e pronto. Só no século XIX percebeu-se que os estranhos nódulos presentes nas raízes de muitos legumes eram cheios de bactérias, e que estas, com suas enzimas especiais, podiam fixar o nitrogênio atmosférico e disponibilizá-lo para a planta (o mesmo vale para os nódulos dos amieiros e a *Anabaena* englobada pela *Azolla*). Quando por fim essas plantas se decompõem, os compostos de nitrogênio, agora assimiláveis, podem ser liberados no solo.*

Também se percebeu mais ou menos nessa época que, por mais bem fertilizado que fosse o solo com esterco animal ou adubo composto, por mais que se plantassem feijões, ervilhacas, trevos e tremoços, não se podia alimentar uma população humana em crescimento explosivo sem adicionar fertilizantes inorgâ-

---

* A maioria das plantas do mundo — mais de noventa por cento das espécies conhecidas — é ligada por uma vasta rede subterrânea de filamentos fúngicos, numa associação simbiótica que remonta à própria origem das plantas, quatrocentos milhões de anos atrás. Esses filamentos fúngicos são fundamentais para o bem-estar das plantas, atuando como condutos vivos para a transmissão de água e minerais essenciais (e talvez também compostos orgânicos), não só entre as plantas e os fungos, mas também de planta para planta. Sem essa "frágil rede diáfana" de filamentos fúngicos, escreveu David Wolfe em *Tales from the underground*, "os imponentes carvalhos, sequoias, pinheiros e eucaliptos das nossas florestas seriam aniquilados em tempos difíceis". E o mesmo aconteceria com boa parte da agricultura, pois esses filamentos fúngicos costumam possibilitar ligações entre espécies muito diferentes — entre leguminosas e cereais, por exemplo, ou entre amieiros e pinheiros. Portanto, as leguminosas e os amieiros ricos em nitrogênio não apenas enriquecem o solo quando morrem e se decompõem, mas também podem doar diretamente, através da rede fúngica, boa parte de seu nitrogênio a plantas próximas. Unidas por esses múltiplos canais subterrâneos (e também pelas substâncias que secretam no ar para sinalizar a disponibilidade sexual ou alertar sobre ataques de predadores, entre outras funções), as plantas não são tão solitárias quanto se poderia imaginar; formam complexas comunidades interativas de apoio mútuo.

nicos riquíssimos em nitrogênio. Em fins do século XIX começava a ficar claro que uma crise de nitrogênio era iminente, que seria preciso ter à disposição mais amoníaco ou nitratos para que a população humana em aumento exponencial não morresse de fome — a catástrofe que Malthus imaginara um século antes. Houve uma corrida aos depósitos de nitrato e guano da América do Sul (de longa data usados pelos peruanos para garantir um solo fértil), mas eles se esgotaram em poucas décadas. Assim, o supremo desafio no início do século XX passou a ser a produção de amoníaco sintético, pois não havia mais fertilizante natural no planeta.

Hoje, obviamente, Robbin diz conformado, o mundo está nadando em fertilizantes sintéticos, e milhares de toneladas excedentes penetram em nossos lagos, rios e mares, perturbando o ciclo natural do nitrogênio e provocando um crescimento imoderado de algas e outras coisas mais. Não que isso seja de alguma valia em Oaxaca, ele acrescenta, que é pobre demais para adquirir fertilizantes sintéticos. E é aí que Boone entra: ele percebeu claramente, logo de saída, que os agricultores precisavam ser mais produtivos e, ao mesmo tempo, aprender a conservar sua autonomia e independência em relação aos Estados Unidos. Por isso ocorreu a ele que talvez fosse possível, com enxertos e cruzamentos, dotar os próprios cereais de bactérias fixadoras de nitrogênio.

Boone encontrou um pé de milho muito alto nas cercanias da cidade de Totontepec, um milho cujas raízes tinham uma cobertura musgosa. Examinou essa mucilagem e descobriu que ela continha vários tipos de bactérias fixadoras de nitrogênio. Pensou então que talvez fosse possível inserir essas bactérias na própria planta, gerando um milho fixador de nitrogênio, e desde então estimula outros a investigar essa possibilidade. Com engenharia genética, Robbin concluiu, talvez seja possível até dispensar as bactérias e inserir diretamente nas plantas o gene responsável pela enzima fixadora de nitrogênio.

De volta ao ônibus, estamos perto de El Cerezal, um pequeno povoado sem cerejeiras à vista, mas com pereiras floridas à beira da estrada. Temos de diminuir a velocidade até quase parar por causa das lombadas na estrada (aqui elas são chamadas de "policiais adormecidos"). Foram instaladas alguns anos atrás, depois que um ônibus em alta velocidade atropelou uma menina do vilarejo. Um falcão que voa à nossa frente provoca alvoroço quando dá uma guinada e se aproxima de um dos lados do ônibus. Ouço alguém comentar sobre um certo grupo de samambaias: "São todas pinatífidas". Este ônibus carrega uma quantidade imensurável de conhecimento. Seria uma perda irreparável para a botânica sistemática, ocorre-me agora, se sofrêssemos um acidente (que poderia acontecer com facilidade se o veículo despencasse por uma das ravinas íngremes que existem a cada curva fechada na estrada). Visões brumosas de Ixtlán e Guelatao do outro lado do vale. Guelatao, Luis relata, "é onde Benito Juárez nasceu, em 21 de março de 1806. Esse dia é feriado no México". E esmiúça para nós a vida, a educação e a missão de Juárez. "Ele aprendeu a ler com os padres; entrou para o seminário; ali conheceu filósofos; dali extraiu algumas das ideias e máximas que usou em sua presidência. Depois entrou para a Universidade de Oaxaca, para ser advogado. Tornou-se governador de Oaxaca — e finalmente presidente do México, em 1856." Luis nos brinda com um elaborado discurso sobre a situação e a política do México naquela data. Um silêncio polido e por fim entorpecido acolhe seu relato. Nesse meio-tempo, todo tipo de plantas esplêndidas vão passando por nós.

Com as propriedades da Igreja anexadas pelo governo, os tributos que lhe seriam destinados terminaram indo para o Estado, assim como suas áreas de controle e seus poderes. Essa reforma levou à invasão francesa. A voz de Luis prossegue, enquanto contemplo pela janela o vilarejo de San Miguel del Río na banda oposta do vale. Um gigantesco cipreste, *Taxodium*, beira o rio nesse trecho.

Agora estamos descendo de uma crista elevada e entrando no vale do Río Grande. "Se me permite interromper", diz Boone, levantando-se (ninguém mais teria a ousadia de interromper a dissertação de Luis sobre a história mexicana), "estaríamos agora atravessando uma antiga ponte de aço, construída em 1898 pela Cleveland Corporation, mas infelizmente no ano passado ela foi destruída por um caminhão de carroceria basculante." A ponte, com uma das extremidades demolida, jaz de lado, quase completamente submersa no rio. Mais atento às aves que à destruição de coisas antigas, J. D. avista um sedoso papa-moscas cinzento num dos pilares da ruína.

É extraordinário que um homem de um pequeno povoado, um zapoteca, possa ter se tornado presidente do México, Luis prossegue. Com sua origem humilde, sua preocupação com os pobres e suas ideias liberais, ele foi o Abraham Lincoln do México. E Luis se põe a contar histórias, mitos sobre a infância de Benito Juárez, pequenos relatos que revelavam o caráter do futuro líder, indicam sua grandeza e seu destino.

Agora o ônibus voltou a subir, estamos a quase seiscentos metros de altitude, e à direita avistamos o vilarejo de Ixtlán estender-se pela encosta. Boone aponta para sua casa e o centro botânico, numa crista envolta em nuvens de onde se vê Guelatao. Agora, e por quase dois quilômetros, ele diz, veremos um novo *Civocarpus* dominante, algo *macrophylla*. (Que será *Civocarpus*, me pergunto.)* Ele conhece cada curva da estrada, cada quilômetro quadrado dessa região bela e selvagem.

Sinto curiosidade por sua história, pelo motivo que o teria levado a vir para cá quando moço, nos anos 1940.

Scott e eu nos colocamos a falar de nossa necessidade primordial de identificação, categorização, organização. Ele próprio, diz Scott, em vez de identificar a espécie, vai sem pestanejar para uma categoria mais abrangente, a família, e depois regride para o gênero e então a espécie. E nos perguntamos: quanto dessa categorização é inato do cérebro? Quanto é fruto de aprendizado? Será que animado/inanimado, por exemplo, é uma categoria inata? Será inata a reação dos primatas às cobras? Será preciso ensinar os alvos de polinização aos filhotes de mor-

---

* Devo ter ouvido errado o nome, pois mais tarde, quando perguntei aos outros o que era "Civocarpus", ninguém tinha a menor ideia.

cego e passarinho? Falamos sobre o canto das aves, que é parte inato, parte aprendido.

Finalmente chegamos ao Llano de las Flores. John Mickel anda ligeiro de um lado para o outro, classificando tudo que é samambaia: *Dryopteridaceae*, *Polystichum*, *Athyrium*, *Fragilis*, *Pteridium*, algumas com quatro metros de altura, todas comuns em regiões temperadas. E *Plecorosus speciosissimus* e *Plagiogyria pectinata*. Adoro esses nomes latinizados tão sonoros, recendentes a uma remota era escolástica. Licopódios, plantas liliputianas de um reino encantado com minúsculas folhas e cones, revestem os flancos da ravina. Há também muitas epífitas coroando os troncos das árvores sem deixar um centímetro descoberto. Essas epífitas normalmente são inofensivas, aderem à casca das árvores sem parasitá-las ou prejudicá-las — a menos que seu peso acabe por derrubar a árvore. (Já ouvi casos assim na floresta pluvial australiana, onde samambaias chifre-de-veado podem pesar mais de duzentos quilos.) J. D. desviou a atenção das *Pteridium* e está em êxtase ornitológico, arrojando sua corpulenta figura para lá e para cá à medida que vai avistando novas espécies e variedades. Exclamações de arrebatamento jorram sem parar de sua boca. "Meu Deus! Meu Deus! Olhe só para isso... que coisa mais linda..." Seu entusiasmo e lirismo nunca arrefecem, estão sempre sintonizados com a beleza e a novidade dos pássaros. Parece Adão no Jardim do Éden.

Devo confessar que minha simpatia pelas *Pteridium* — "bracken ferns", em inglês* — advém do fato de gostar de nomes antigos. Existem manuscritos do século XIV que falam em "braken & erbes", e o nome sobrevive em muitas línguas germânicas, entre elas o norueguês e o islandês. É um prazer olhar para elas, com sua fronde que se desfralda solitária, em tom verde-claro na primavera, que escurece depois, às vezes

---

* Em tradução livre, "bracken fern" significa samambaia cambaleante. O nome faz referência ao estranho efeito colateral provocado pela ingestão dessa planta. (N. E.)

cobrindo encostas ensolaradas. É confortável dormir sobre elas quando vamos acampar, funcionam melhor do que palha, pois absorvem e isolam muito bem. Mas uma coisa é usá-las como colchão e admirá-las, outra é comê-las, como fazem às vezes os bois e cavalos quando surgem os brotos tenros na primavera. Animais que comem essas samambaias podem apresentar andar cambaleante, pois as *Pteridium* contêm uma enzima, a tiaminase, que destrói a tiamina necessária para a condução normal no sistema nervoso. Como neurologista, isso me fascina, pois esses animais podem perder a coordenação e cambalear, apresentar "nervosidade" ou tremores, e, se continuarem a comê-las, convulsões e morte sobrevirão.

Mas essa, descubro agora, é apenas uma pequena parte do repertório das *Pteridium*. Robbin diz que elas são "as Lucrécias Bórgias do mundo das samambaias", pois guardam um farnel de horrores para servir aos insetos. As frondes novas liberam cianeto de hidrogênio assim que são rasgadas pelas mandíbulas de um inseto, e se isso não detiver ou matar o agressor, um veneno muito mais cruel estará à espreita. As *Pteridium*, mais que qualquer outra planta, são repletas do hormônio ecdisona, que, quando ingerido por um inseto, provoca uma inchação incontrolável. Nas palavras de Robbin, o inseto comeu sua última refeição. Os romanos costumavam cobrir o chão dos estábulos com uma mistura composta principalmente dessas samambaias. Em um desses estábulos, datado do século I, foram encontrados duzentos e cinquenta mil pupas de mosca-dos-estábulos, quase todas com um desenvolvimento truncado ou corrompido.

E, como se não bastasse, as *Pteridium* também contêm um potente carcinógeno. Embora a maior parte dos taninos amargos e da tiaminase seja destruída pelo cozimento, os humanos que consomem grandes quantidades de báculos de *Pteridium* durante longos períodos tornam-se mais propensos a desenvolver câncer de estômago. Com esse temível arsenal químico e seus rizomas que se instalam profundamente no solo e se propagam com rapidez e quase sem possibilidade de controle, as *Pteridium* são monstros em potencial, capazes de atapetar terrenos vastíssimos e privar da luz solar quase todas as outras plantas de cobertura.

Mas a samambaia em questão, uma *Pteridium feei*, é linda, e — ao contrário das *Pteridium* comuns, é rara e especial: uma espécie endêmica do sul do México, Guatemala e Honduras.

Amanhã, na vertente atlântica, veremos uma espécie de *Pteris*, promete John — seu nome genérico é semelhante ao das *Pteridium* e pode causar confusão, porém cada uma pertence a um gênero e a uma família próprios. Veremos a magnífica *Pteris podophyla*, que de maneira singular construiu frondes em formato de leque de até três metros e meio de comprimento. John fala dessas gigantescas frondes "pedatipartidas" com tanto ardor, quase com lirismo, que decido ler sobre elas em seu livro *Flora*. Mas quando vou procurar por *P. podophylla*, sou desencaminhado pela descrição de outra *Pteris*, *P. erosa*, que John e seu colega Joseph Beitel descobriram numa expedição em Oaxaca, em 1971. O que mais me assombra é ver a descrição deles em inglês precedida por um parágrafo em latim: "*Indusio fimbrato, rachidis aristis 1 mm longis necnon frondis dentibus marginalibus apicem versus incurvis diagnoscenda*". Quando pergunto sobre isso a John, ele explica que toda vez que uma nova espécie é descoberta ou reivindicada, sua descrição formal e a classificação devem ser feitas em latim. Eu sabia que essa era a prática usada séculos atrás em zoologia, mineralogia e botânica. Mas apenas na botânica esse estranho hábito medieval persistiu.

Depois de observar samambaias por uma hora, fazemos uma pausa para o almoço, e eu, displicente, como à farta (os dois mil e setecentos metros de altitude abriram meu apetite). Um sanduíche, dois sanduíches, três sanduíches, sobremesa e duas cervejas para rematar. Voltamos então ao ônibus e à trilha, a uns três quilômetros de uma estrada vicinal. Essa estradinha, John nos diz, é belíssima. Atravessa uma floresta engalanada de epífitas e passa por um afloramento de calcário com uma grande variedade de samambaias. Pomo-nos em marcha acelerada pela estrada, que sobe serpenteante a quase três mil metros — acelerada demais para mim, percebo, pois começo a me sentir mal. A comilança, a cerveja gasosa explodem dentro de mim, e a subida me causa falta de ar. Meu coração dispara, sinto náusea e começo a suar frio. Mal de altitude, agravado por uma refeição grande demais. "Vá com calma!", alguém comenta enquanto me ultrapassa ligeiro. Posso estar em relativa boa forma, penso, mas tenho sessenta e seis anos e ainda não me adaptei a esta altitude. Tenho a sensação de que o sangue está sendo drenado da minha cabeça e que meu rosto, se alguém pudesse vê-lo, estaria cinza. Gostaria de parar e descansar, mas acho que devo me apressar e alcançar os outros. A náusea piora, minha cabeça lateja, começo a sentir tontura. Parte de mim diz que não é nada, vai passar; mas outra parte está ficando muito preocupada, e de repente estou convencido de que posso morrer aqui e agora. Por isso, me sento abruptamente numa pedra, arfando, sem energia nem para escrever. Reconstituirei as atividades da tarde quando voltar para o hotel ao anoitecer.

SEGUNDA-FEIRA

Uma caminhada que fiz de manhã cedo perto do nosso hotel com Dick Rauh e sua mulher deu errado. Nos perdemos e quase morremos tentando atravessar a Rodovia Pan-Americana. Vimos esgoto a céu aberto, crianças com olhos infectados e feridas. Pobreza medonha, imundície. Quase fomos asfixiados por fumaça de diesel, quase fomos mordidos por um cão feroz, talvez com raiva. Esse é o outro lado de Oaxaca, uma cidade moderna, com trânsito intenso, hora do *rush* e pobreza, como qualquer outra. Talvez seja bom eu ter visto esse outro lado, para não me tornar lírico demais sobre este Éden.

Tenho o desejo de ver a famosa árvore do Tule, El Gigante — o colossal cipreste do gênero *Taxodium* no adro da igreja de Santa María del Tule —, há pelo menos cinquenta anos, desde que deparei com uma velha foto dela no *Textbook of botany*, de Strasburger, em minhas aulas de biologia. E também depois de ler que Alexander von Humboldt, que viu a árvore em 1803, pensou que ela tivesse quatro mil anos. A ideia de que o próprio Humboldt fez uma viagem especialmente para vê-la, e de que eu, quase duzentos anos mais tarde, estou pisando onde ele deve ter pisado, acrescenta uma dimensão especial. Humboldt é um dos meus grandes heróis desde meus catorze ou quinze anos. Admiro sua curiosidade imensa, insaciável, sua sensibilidade e ousadia — ele foi o primeiro europeu a escalar o Chimborazo, o mais alto pico andino do Equador e, já quase septuagenário, não vacilou em partir para uma jornada pelos confins

trees. *Taxodium distichum* is a deciduous tree, forming extended swampy woods on the north coast of the Gulf of Mexico from Florida to Galveston; the short shoots have two ranks of leaves and are shed as a whole. *T. mexicanum* is evergreen and is widely distributed on the highlands of Mexico; very large

Fig. 624.—*Taxodium mexicanum* in the churchyard of S. Maria de Tule at Oaxaka. This giant tree is one of the oldest living. (From a photograph.)

specimens occur, such as the giant tree of Tule, which at a height of 50 m. was 44 m. in circumference, and was estimated by von Humboldt to be 4000 years old (Fig. 624).

da Sibéria, coletando minérios e plantas, fazendo observações meteorológicas. Além de seu evidente amor pelo mundo natural, ele parece ter possuído também uma sensibilidade incomum para as diferentes culturas e povos que encontrou (o que não se pode dizer de todos os naturalistas, nem mesmo dos antropólogos).

Embora ainda estejamos na periferia da cidade de Oaxaca, imagino que na época de Humboldt a igreja e a árvore eram bem isoladas. Percebemos isso com clareza na velha foto, onde a igreja aparece cercada por um campo aberto, ao passo que agora ela está rodeada por um movimentado vilarejo — na verdade, foi quase absorvida pela cidade.

A árvore é grande demais para ser captada por inteiro pela visão. Deve ter parecido ainda mais extraordinária antes da construção da missão e da cidade. Ela faz a missão parecer minúscula, um mero brinquedo. Não apenas por conta da altura (só quarenta e cinco metros), mas também pela circunferência (quase sessenta metros de tronco) e a folhagem colossal, que, em formato de cogumelo, encabeça o monstruoso tronco. Um mundo de pássaros entra e sai — na árvore eles têm suas residências, seus "apartamentos". Scott vai de lupa e câmera em punho examinar e fotografar os cones — os femininos ficam no nível dos olhos, os masculinos, mais no alto.

Takashi Hoshizaki, esguio e ágil para seus setenta e cinco anos, de chapéu de feltro verde coberto de emblemas, compara a árvore do Tule com os pinheiros *bristlecones* da Califórnia, que teriam, pelo que se acredita, seis mil anos de idade. Menciono a famosa Árvore Dragão da Laguna, nas ilhas Canárias, também de supostos seis mil anos, que levou Humboldt a tantos arroubos líricos que o próprio Darwin se decepcionou profundamente quando, em razão de uma quarentena, ficou impedido de vê-la. Dois mil anos atrás, Takashi me diz, toda esta área era luxuriante, assentava-se sobre um pântano. Hoje é árida, semideserta durante boa parte do ano, e só a árvore do Tule, com suas imensas raízes e idade avançada, sobrevive para contar a história. Eu me pergunto: o que mais teria visto El Gigante? A ascensão e a queda de meia dúzia de civilizações, a chegada dos espanhóis, toda a história humana de Oaxaca.

Luis fala da pré-história de Oaxaca, talvez estimulado pela ancianidade da árvore do Tule: povos asiáticos atravessam o estreito de Bering por volta de 15000 a.c., na última Idade do Gelo, depois enveredam rumo ao sul pela América do Norte; caçam, pescam, coletam. Alguns milhares de anos mais tarde, morrem os mamutes lanosos, os mastodontes, os grandes mamíferos. Serem caçados pelos humanos terá desempenhado algum papel nisso? Terá sido por desastre natural, ou mudança climática? Os caçadores-coletores são obrigados a procurar outros recursos para sobreviver, e aprendem a cultivar milho, feijão, abóbora, pimentas, abacates (que até hoje são as culturas básicas de Oaxaca). Em 2000 a.C., escreve um historiador, "a Mesoamérica era um mundo de agricultores, com povoações agrícolas espalhadas pelos planaltos e planícies".

Luis fala do estabelecimento de povoações permanentes, concentradas nas áreas com as melhores terras para a agricultura — povoações que logo se distinguem por costumes, habilidades e línguas próprias. Sabemos o que os moradores comiam graças a vestígios, prossegue Luis, Milho e feijão, abacates, pimentas, suplementados por carne de veado e pecari, peru selvagem e outras aves. Sabemos que eles domesticavam cães e, além disso, os comiam. Sabemos que os homens usavam tanga e sandálias, e as mulheres, saias de tecido ou fibra. Sabemos que as viagens e o comércio surgiram bem cedo (povoados de Oaxaca tinham obsidiana proveniente do centro do México ou da Guatemala, distantes centenas de quilômetros, talvez já em 5000 a.c.) e que a religião e os rituais tinham grande importância na vida dessas pessoas.

Entre 1000 e 500 a.c. surgiram as primeiras cidades grandes, com arquitetura monumental e um novo nível nas artes e nos rituais, na complexidade social e na escrita. A maior dessas cidades foi Monte Albán, que iremos conhecer na sexta-feira. Foi sob os zapotecas que Monte Albán atingiu o auge de seu desenvolvimento, dominando uma vasta região e prosperando por mil e quinhentos anos. Por razões ignoradas, essa grande cidade foi abandonada subitamente por volta de 800 d.C., e surgiram então diversas capitais provinciais menores. Yagul, para onde estamos agora a caminho, foi uma dessas capitais; Mitla, que veremos na quinta-feira, foi outra. Esses centros menores deram continuidade à cultura zapoteca, enriquecidos por outras culturas: os mixtecas, do oeste de Oaxaca, por volta de 1100 d.C., depois os astecas, do norte, aproximadamente em 1400 d.C. Cem anos depois, Luis conclui, chegam os espanhóis e fazem todo o possível para obliterar tudo o que existiu antes deles.

Quando vamos chegando a Yagul, Luis aponta para um penhasco com um enorme pictograma, um desenho abstrato pintado em branco sobre um fundo vermelho; acima dele, uma gigantesca figura com traçado de boneco palito: um homem.

Parece bastante recente, quase nova — quem diria que tem quase mil anos? Eu me pergunto o que significaria essa imagem: seria um ícone, algum tipo de símbolo religioso? Um aviso para afastar maus espíritos ou invasores? Um gigantesco sinal na estrada, talvez, para orientar os viajantes a caminho de Yagul? Ou um mero rabisco pictográfico feito por diversão, um grafite pré-histórico?

Ao entrarmos em Yagul, inicialmente não vejo nada além de outeiros cobertos de mato e pilhas de pedras, tudo vago, impreciso, sem sentido, sem contrastes. Mas pouco a pouco, à medida que vou observando o lugar e ouvindo Luis, a cena começa a ganhar foco. Robbin pega um caco de cerâmica e pergunta que idade teria. Essas ruínas discretas não parecem muito impressionantes à primeira vista — é preciso uma visão especial, um olho de arqueólogo, um conhecimento da história para revesti-las da importância que tiveram, imaginar as culturas do passado que viveram e construíram aqui. Pode-se ver um pátio central coberto de grama com um altar no centro, rodeado por uma plataforma; está voltado do noroeste para o sudeste, Luis explica. Será que os zapotecas tinham bússola ou calculavam pelo Sol?

Quatro montículos gramados circundam o altar; um deles foi aberto para dar acesso à tumba embaixo. Desço receoso — faz mais frio do que eu imaginava, é quase gelado a três metros de profundidade, e de repente sou tomado pelo medo de ser enterrado vivo. Ouvindo Luis falar, posso ver homens sendo sacrificados no altar: jovens guerreiros capturados, o torso aberto com facas de obsidiana, o coração arrancado e oferecido aos deuses. Volto à tona ofuscado pelo sol do meio-dia, e agora consigo ver o que restou do que foi outrora um grande palácio, com corredores labirínticos, pátios e pequenos aposentos — ou pelo menos a planta baixa de um palácio, pois a maioria das pedras desapareceu.

Começo a ter uma ideia de uma vida, uma cultura profundamente destoante da minha. O sentimento é parecido, em certo sentido, com o que nos domina em Roma ou Atenas, mas em outros aspectos é muito diferente, porque esta cultura é totalmente distinta: para começar, era orientada para o sol, o céu, o vento e o clima. As construções abrem-se para o exterior, a vida se volta para fora, ao passo que na Grécia e em Roma o foco é o interior: o átrio, os aposentos internos, os tabernáculos, a lareira. Que tipo de poemas e epopeias produziriam essas civilizações mesoamericanas? Terão sido registrados ou permaneceram apenas na tradição oral? Yagul é nossa primeira sugestão de como pode ter sido a Mesoamérica, as culturas que aqui viveram há mil, dois mil anos. Mas esse é apenas um prelúdio, Luis avisa: veremos ruínas muito mais espetaculares no final da semana. Um cão jaz letárgico num degrau à sombra. Sento-me a seu lado. Ele abre um olho preguiçoso e me examina; vendo que não constituo ameaça, que na verdade sou até uma espécie de irmão, torna a fechar o olho, e ficamos ali sentados em paz. Sinto a comunicação, o fluxo de sentimentos que há entre nós. Ele está descansando, mas, ao mesmo tempo, está alerta — como um leão de olhos semicerrados na savana, ou um crocodilo, imóvel, à espera de uma presa incauta, capaz de explodir em atividade num átimo. Qual será a fisiologia desse estado de descanso--prontidão? E será que nós, humanos, também o empregamos?

Yagul devidamente percorrida, nossos botânicos se espalham pelo mato e sobem o morro que oferece a vista dominante do sítio. Vão olhar as samambaias desidratadas desse terreno ressequido. Ressequido, mas não morto (embora eu, com meus olhos ignorantes, tenha a impressão de jamais ter visto plantas mais murchas e mortas do que estas samambaias). Nesse estado, o metabolismo delas é quase zero. Mas dê-lhes uma noite de chuva, diz John Mickel, ou deixe-as por uma noite na água, e pela manhã estarão expandidas e revividas, frescas, verdes e belas.

A mais fascinante para mim é a chamada samambaia da ressurreição (na verdade, uma planta afim da samambaia), a *Selaginella lepidophylla*, que, agora me recordo, eu vira em forma de rijas rosetas pardas no mercado. Pegamos algumas rosetas para pôr na água durante a noite.

É preciso olhos treinados para detectar samambaias desidratadas, murchas e contraídas na terra pardacenta e colhê-las, mas a maioria dos membros do grupo tem experiência nisso, e agora, de lupa em punho, sem dó das próprias roupas, eles rastejam por toda parte, sobem encostas colhendo novas samambaias a cada segundo. *"Notholaena galeottii!"*, alguém exclama. *"Astrolepis sinuata!"*, grita outro, e há pelo menos cinco espécies de *Cheilanthes*. Estas, porém, são as mais difíceis de achar, pois descartaram as frondes a fim de minimizar a perda de água e estão reduzidas a um talo marrom quase informe. Esses talos parecem mortos, diz John, mas revivem horas depois da primeira chuva da primavera. A exemplo da samambaia da ressurreição, essas plantas adaptaram-se muito bem à vida no deserto — neste caso, com uma camada de abscisão especial no caule que permite à planta perder rápido suas frondes para reduzir a evaporação.

O pouco de verde que se vê nesta secura provém quase só dos tufos de visgo que sangram os sistemas vasculares de algumas árvores — hospedeiras involuntárias (imagino), pois, embora o visgo obtenha parte de seus nutrientes pela fotossíntese (é apenas um semiparasita, diz Robbin), parece roubar da hospedeira tanto água como nutrientes: os ramos distais a ele parecem afinados e enfraquecidos. Esses enormes tufos de visgo me causam arrepios quando os imagino se instalando, drenando e matando as árvores hospedeiras. Penso em outras formas de parasitas, e nos parasitas psicológicos — e em como certas pessoas podem viver parasitando e por fim matando outras.

Começo uma conversa com o animado David Emory (que, a despeito de seu corpanzil meio desajeitado, é sempre o primeiro a saltar do ônibus, escarrapachar-se no chão, dobrar-se em dois e rastejar pelas encostas à cata de plantas). David lecionou química na mocidade (hoje ensina biologia), e nos pusemos a trocar histórias e memórias químicas — ele se lembra de ter feito um martelo de mercúrio (o mercúrio congelado em álcool e gelo seco), e de ter posto cloreto de ferro em ambos os lados da mão e depois ter acrescentado X a um lado e Y ao outro, terminando com a mão bicolor, vermelha e azul. E me pergunta: a que correspondem X e Y? Y, respondo, é ferrocianeto de potássio, que deu o tom de azul ao cloreto férrico. Hesito quanto ao vermelho — é tiocianato de potássio, ele diz. "Mas é claro!", exclamo, zangado comigo mesmo, e então me vem à mente o vermelho--cereja do tiocianato férrico.

David gostou do artigo que escrevi para a *New Yorker* narrando minhas memórias de "uma infância química"; gostou de minha referência ao orpimenta e ao realgar, os eufônicos sulfetos de arsênio, e diz que o *seu* sulfeto de arsênio favorito é o mispíquel, um nome esquisito que sempre fazia seus alunos pensarem numa solteirona rabugenta, "Miss Pickle". A partir de então, toda vez que David e eu nos encontramos, usamos uma saudação em três partes, composta desses três sulfetos. Ele diz "orpimenta", eu respondo "realgar", e ele remata com "mispíquel!".

TERÇA-FEIRA

7h O sol nasce detrás das montanhas. Estou sentado sozinho no restaurante do hotel estranhamente vazio e silencioso. O grupo partiu às cinco da manhã para uma viagem de dezesseis horas até o outro lado dos montes, transpondo o desfiladeiro de três mil metros até a vertente atlântica com suas samambaias inigualáveis — samambaias arborescentes! Eu, meio triste, meio satisfeito, não quis ir — dez horas num ônibus sacolejante acabaria com as minhas costas. Adoro caminhadas, observação de plantas, a sensação de explorar, mas ficar muito tempo sentado num ônibus, seja onde for, é um suplício para mim. Por isso, tirarei um dia de folga — descansar, ler, nadar, refletir sobre o que estou fazendo, o que tudo isto representa. Passarei algumas horas na praça principal da cidade, o *Zócalo* — nós a vimos de passagem no sábado, e tive vontade de estar lá.

Encontrei uma mesinha num café ao ar livre no *Zócalo*. A catedral, nobre, dilapidada, fica à minha esquerda, e esta praça viva e encantadora está repleta de cafés e de gente jovem e bonita. À minha frente, velhas índias de poncho e chapéu de palha vendem ícones religiosos e quinquilharias ao pé da catedral. As árvores (loureiros índios, como são chamados, embora sejam uma espécie de figueira) estão bem verdes, e o céu e o ar são primaveris. Enormes pencas de balões de hélio esticam seus barbantes para o alto. Alguns parecem grandes o suficiente para erguer uma criança pelos ares. Alguns se desprenderam e foram parar em ramos de árvores na praça. (E outros, ocorre-me, subiram tanto que podem entrar no motor de um jato e fazê-lo despencar em chamas — tenho uma súbita imagem muito vívida de tal ocorrência, mas é uma ideia absurda.)

Os turistas, de caras pálidas, desajeitados, em roupas esquisitas se destacam instantaneamente dos graciosos nativos. Alguém vem me oferecer um suvenir, um pente de madeira, assim que me sento — sem dúvida minha palidez de turista, meu jeito de forasteiro também sobressaem.

Escrever assim, numa mesa de café na calçada, em uma simpática praça... esta é *la dolce vita*. Evoca a imagem de Hemingway e Joyce, escritores expatriados, em mesas de Havana e Paris. Auden, em contraste, sempre escrevia em um aposento recôndito, na penumbra, de cortinas fechadas para o mundo exterior e suas distrações. (Um jovem desfila à minha frente carregando um cartaz: "Confesse seus pecados! Ou Jesus não poderá salvar!".) Comigo é o contrário. Adoro escrever em um lugar aberto e ensolarado, com as janelas admitindo todas as visões, sons e odores do mundo exterior. Gosto de escrever em mesas de cafés, onde posso ver (embora à distância) a sociedade ao redor.

Comida e movimento me estimulam a escrever. Meu ambiente favorito é, talvez, o vagão-restaurante de trem. Supõe-se que tenha sido num vagão desses que o físico Hans Bethe concebeu o ciclo termonuclear do Sol.

A vendedora de balões, levando sua gigantesca massa aérea, atravessa o chão de paralelepípedos à minha frente para pôr alguma coisa na lata de lixo. Seu andar é extraordinariamente leve, quase flutuante. Estará a ponto de levitar, içada pelo hélio?

No centro da praça há um charmoso gazebo abobadado, com delicada estrutura metálica. (Mais tarde descubro, surpreso, que poderia ter descido para ver, sob a cúpula, até meia dúzia de lojinhas subterrâneas poligonais — uma colmeia de células hexagonais.) Parece até uma nave espacial, como uma nave alienígena da versão cinematográfica de *A guerra dos mundos*.

Adoro meus pequenos esboços, estas impressões. Estou cansado da trabalheira interminável do meu livro sobre química!

Talvez eu devesse me ater a breves narrativas e ensaios, folhetins, notas de rodapé, digressões, sinopses...

Sou deixado em paz, e até (imagino) tratado com certo respeito; talvez, com minha corpulência, minha caneta incessante e minha barba, me vejam como uma espécie de figura de Papai Hemingway.

Um homem vergado sob uma armação onde se penduram pequenas gaiolas de pássaros.

Crianças me abordam enquanto escrevo. "Peso, peso..." Infelizmente (ou talvez por sorte) não tenho nenhum, pelo menos não moedas. Gastei meus últimos cinco pesos em um pão no mercado, um filão. Era muito maior do que eu pensava, mas levíssimo. Levei uns bons vinte minutos para comê-lo.

É uma da tarde — o dia, bastante frio às sete da manhã, ficou bem quente. Quando vim para esta praça, algumas horas atrás, todo mundo evitava a sombra, sentava-se encolhido ao sol, aquecendo-se como lagartos. Agora acontece o contrário: os cafés e bancos tostados pelo sol ficaram desertos, e os que estão à sombra lotaram. Depois, no final da tarde, as pessoas voltam para apanhar os últimos raios de sol. Seria interessante ter um filme em *time-lapse* dessa migração diurna. Um quadro a cada trinta segundos, mil em oito horas, daria um fascinante resumo de um minuto desse ciclo.

O jovem evangelista, com seus cartazes de Coríntios 5:7, continua no mesmo lugar, inacessível ao mundo exterior, a essas variações seculares. Sua mente está firme no Reino do Céu.

Um carro blindado está parado ao lado da praça defronte ao ponto de ônibus. Uma bolsa pesada (de dinheiro?) é passada de mão em mão e posta no caminhão por dois guardas uniformizados. Outro cobre a ação com um fuzil automático de aspecto eficientíssimo. Tudo termina em trinta segundos.

O ônibus do hotel me traz de volta, junto com um homem fumando charuto e sua mulher, os dois conversando em alemão suíço. A conjunção do transporte do hotel e da língua leva-me de volta a 1946 — a guerra recém-terminada, meus pais decidiram visitar o único país "intacto" da Europa, a Suíça. O Schweizerhof de Lucerna tinha uma berlinda elétrica alta que rodava com elegância e silêncio desde que fora construída, quarenta anos antes. Ocorre-me uma súbita recordação, ao mesmo tempo doce e dolorosa, de mim aos treze anos, entrando na adolescência. O frescor e nitidez de todas as minhas percepções na época. E meus pais — jovens, vigorosos, recém-entrados na casa dos cinquenta. Se na ocasião me fosse oferecido ver o que o futuro reservava, eu teria querido?

Chego ao hotel e vejo participantes de uma Conferência Internacional de Física de Baixa Dimensionalidade — eles também são hóspedes e fazem suas reuniões formais toda manhã. Sobre o que será que falam? Explosões planas, uma Planolândia? Não houve contato entre nós — o mundo que *nós* chamamos de "real", nosso mundo pteridológico, sem dúvida é grosseiro demais para eles, e o deles talvez seja sutil demais para nós. Ouvi ontem: "Está me dizendo que esses caras, com essa cara de gente comum, são físicos teóricos?". (Li certa vez que os físicos teóricos estão à frente de todos os cientistas em inteligência, com seu Q.I. médio superior a cento e sessenta.) Observando alguns deles hoje, não sei se parecem muito "comuns". Vejo (ou imagino) uma inteligência penetrante a animar-lhes a voz e os gestos, mas posso muito bem estar enganado. Não sei se os cientistas superinteligentes que conheço exibem algum sinal externo de seus grandes dotes. E penso em descrições contemporâneas de Hume — que ele parecia um "aldeão comedor de tartaruga", que sua mãe o considerava "pobre de espírito" e que os salões parisienses ficavam perplexos e intrigados com a total disparidade entre o homem exterior e o interior. Há descrições semelhantes do rosto de Coleridge: cara de palerma, papada, inexpressividade a maior parte do tempo, mas transformado, transfigurado pela vitalidade de sua mente.

Às vezes penso que também eu tenho cara de bobo, embora

a maioria das pessoas pareça achar que minhas feições são bondosas. Essa também é minha impressão quando (como não raro acontece) não me reconheço ao ver inesperadamente minha imagem refletida em alguma vidraça ou espelho e penso: *quem será esse velhote com cara de bonzinho*? Por outro lado, também já me surpreendi em expressões de intensa concentração, de deleite ou inspiração, de animação súbita, ou com um semblante de intensa tristeza e desolação, e também de raiva, portanto não posso ser tão cara de palerma, tão inexpressivo como imagino.

Nado depois de ter passado o dia sentado e caminhando pela cidade. O hotel tem uma bela piscina, mas a esta altitude não consigo nadar ritmado por muito tempo. Agora janto sozinho no restaurante — o lugar está quase vazio, pois nosso grupo continua em sua viagem diuturna, e os físicos de Q.I. elevado estão, sem dúvida, fazendo sua refeição bidimensional em alguma parte da cidade.

Eu me pego pensando em Scott, que me disse ontem que seu grande desejo é produzir um belo livro de botânica com textos fecundos e abrangentes e ilustrações precisas e atraentes. Ele espera que o atlas, no qual vem trabalhando há dez anos, sobre as plantas vasculares da Guiana Francesa central, as flores, todas as suas formas, cores, aromas, seja um livro com esse valor e beleza. Sua ambição, admite, é fazer um lindo livro de botânica, mas não há nele o sentimento de rivalidade profissional nem de competição. Quando comentei sobre isso com um colega, ele se surpreendeu. Mas talvez ele conheça apenas o Scott exterior, o administrador, o chefe de um movimentado departamento. Pois ainda que por fora Scott possa ser "osso duro de roer", porque ele precisa manter seu departamento funcionando numa época em que a botânica de campo está dando lugar à genômica e à ciência de laboratório, tem de existir também um outro Scott, mais lírico, mais interiorizado, mais preocupado com o ideal — e é esse Scott que sonha com "um belo livro".

A excursão das samambaias está se revelando muito mais que isso. É uma visita a uma cultura e a um lugar diferentes, muito diferentes; e também (porque aqui tudo e todos são imersos no passado), em um sentido profundo, a outro tempo. A fusão de culturas aparece por toda parte — nos rostos, na língua, na arte, na cerâmica, nos estilos mesclados e coloridos de arquitetura e vestuário, na complexa duplicidade do "colonial" em cada aspecto. Luis, nosso guia, embora seja hispânico em muita coisa, tem a pele morena, o físico possante e as maçãs do rosto pronunciadas dos zapotecas. Seus ancestrais, alguns deles, atravessaram o estreito de Bering na última Idade do Gelo; "a.C.", para esse povo, significa Antes de Cortés, a divisão absoluta entre pré-Conquista, pré-Hispânico e o que veio depois.

QUARTA-FEIRA

Cada vez mais me arrependo de não ter participado ontem da maratona na floresta pluvial, pois todo mundo vem me contar sobre as maravilhas que viu, algumas das quais serão exibidas e comentadas hoje à tarde. Como fui sacrificar isso pela banalidade de uma hérnia de disco? Depois do longo e exaustivo esforço de ontem, hoje o dia é dedicado a "atividades opcionais", e a mais interessante delas, para um fã dos minerais como eu, é a visita à fonte Hierve el Agua.

A área em si, a apenas duas horas da cidade de Oaxaca, é razoavelmente árida, e poderemos ver algumas singulares palmeiras mirradas (elas crescem em grupo, lembrando, segundo um raro lampejo de imaginação do meu guia de Oaxaca, "regimentos de anões do deserto"). Veremos mais samambaias xerófitas, adaptadas ao ambiente seco — elas nunca deixam de me fascinar, pois eu costumava pensar em samambaias como plantas delicadas, vulneráveis, que gostam de água e sombra; mas aqui vemos samambaias capazes de sobreviver a um sol causticante e à seca prolongada quase tão bem quanto as euforbiáceas e os cactos. Além disso, fico sabendo, há uma grande variedade de outras plantas — e de pássaros —, boa pedida para J. D., que veio conosco.

J. D. fica alucinado quando vê um espécime raro que ele nunca tinha encontrado. Embora trabalhe no Jardim Botânico de Nova York, seu maior interesse não é pelas samambaias, como ocorre com John e Robbin, e sim pelas anacardiáceas, uma família de plantas floríferas com resinas oleosas que ele já estudou mundo afora. A mais conhecida é o *Toxicodendron*. Mas muitas outras plantas dessa família também podem causar reações tóxicas — o cajueiro, a mangueira, o charão, o verniz-do-japão (eu não sabia de onde vinha a laca, e no México, ouvi dizer, ela é feita com um inseto). Muitas das resinas dessas plantas, J. D. me diz, têm usos médicos ou industriais, por exemplo a mussaenda frondosa, cujo líquido é usado como tinta indelével para tecidos. E o líquido da castanha-de-caju é usado no controle de larvas de mosquito e também como agente antimicrobiano. "Uma família prodigiosa!", J. D. conclui.

Mas agora sua atenção se volta para a planta à sua frente. "Esta é minha maior emoção — nunca pensei que veria uma *Pseudosmodingium*, que a veria crescendo." E se põe a falar sobre uma toxina dessa planta. "É terrível. Nunca foi analisada. Provoca erupções infernais, problemas internos também, úlceras. A *Toxicodendron* não é nada em comparação. Eu devia ter trazido as luvas de borracha." Ele havia incluído na bagagem luvas grossas de borracha para eventualidades como essa, e hoje — justo hoje! — esqueceu de trazê-las. "Quem imaginaria que existe algo tão impressionante?", ele continua. J. D. vai ver se consegue voltar aqui amanhã, de táxi, não importa quanto vão lhe cobrar — e trará as luvas.

A água da fonte é filtrada por toda uma montanha de calcário antes de brotar borbulhante da encosta e escorrer para uma imensa bacia, depositando cal e outros minerais pelo caminho, até receber a última gota de um semicírculo de rochedos. A essa altura, com a evaporação e a absorção, a água está tão saturada de minerais que se cristaliza e vira pedra à medida que cai — daí a "cachoeira petrificada". Ela tem uma impressionante semelhança com uma cachoeira, porém é formada por calcita, um mineral branco amarelado que pende do penhasco em enormes lâminas onduladas. No topo, a água quente e rica em minerais empoça em pequenas piscinas. Eu adoraria mergulhar, ou pelo menos chapinhar nessa água concentrada. Mas tenho receio de invadir, com meus germes imundos, esse habitat imaculado, primevo. John Mickel concede um breve relance a esse espetáculo natural ímpar — único no mundo, diz alguém —, e vai observar as diversas samambaias no topo. Descobre nas rochas algumas novas samambaias xerófitas (novas ao menos para mim, para nós): uma bela *Argyrochosma* prateada (achei que tivesse ouvido "Argyrocosmos" e fiquei pensando num universo cor de prata) e uma *Astrolepis integerrima*, ambas dessecadas, mas vivas, vizinhas na rocha cinza-azulada.

Fascinam-me na mesma medida os musgos e as minúsculas hepáticas com contornos de coração que aderem às rochas secas. Eu nunca imaginaria que uma coisa assim seria possível, pois costumamos pensar que essas são plantas tipicamente amigas da umidade (sobretudo as hepáticas), tendo sido algumas das primeiras plantas a prosperar em terra firme, mas que não têm (achávamos) como conservar água ou se proteger por algum outro meio, já que seus tecidos são muito finos e delicados. No entanto, vê-se bem que elas são capazes de sobreviver à estação seca, ao que tudo indica tão bem como as samambaias xerófitas. A questão é — preciso perguntar ao John —: será que plantas floríferas podem sair-se tão bem quanto as "primitivas" nesse tipo de animação suspensa?

Na volta da cachoeira, junto-me a J. D. outra vez, que se empolga por ver um pistache mexicano, *Pistacia vera*, proveniente, segundo ele, da Ásia Central. Essa planta também pertence à família "dele", as anacardiáceas. "Que maravilha!", ele murmura. "Nenhuma anacardiácea até hoje — e agora duas!"

No meio-tempo em que identifica essas plantas (e muitas outras, inclusive uma bela *Wigandia* azul, da família das hidrofiláceas), J. D. avista diversas espécies de pássaros com sua sobrenatural habilidade para vê-los e segui-los — muitas vezes, trata-se de beija-flores minúsculos, a centenas de metros —, enquanto eu não consigo enxergar nada menor do que falcões ou abutres.

Vou olhando sem pressa pela janela do ônibus na volta a Oaxaca — campos de agave, velhas de xale escuro andando pelas plantações a examinar os agaves, chalés com telhado de colmo em formato de colmeia. Alguns dos telhados dos chalés maiores são reforçados com palha de milho, para melhor isolamento, sou informado. Em um campo, uma antena parabólica brota do meio do milharal — um objeto surreal do século XXI lado a lado com uma forma natural de cobrir as habitações usada há milhares de anos. Tento fotografar a cena, mas não dá tempo, o ônibus vai depressa demais, por isso procuro fazer um pequeno esboço no meu caderno.

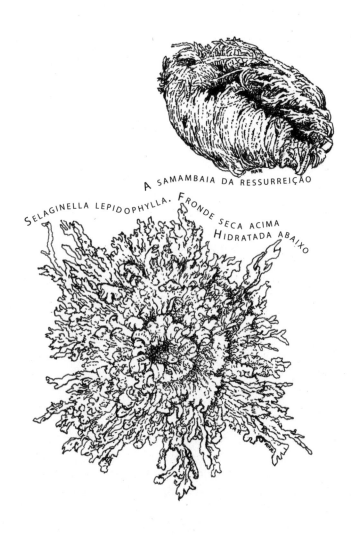

Chegamos ao hotel no meio da tarde, prontos para mostrar e relatar nossos achados. Às vezes fazemos isso nas reuniões da AFS aos sábados, lá em Nova York, mas aqui temos tantos tesouros que levaríamos horas até expor tudo. Algumas das samambaias desidratadas e aparentemente mortas colhidas na véspera foram deixadas na água até este momento, a *Astrolepis*, a *Notholaena*, a *Cheilanthes* e, obviamente, a samambaia da ressurreição. E todas, depois de ficar de molho, verdejaram como que por milagre, desabrocharam e se expandiram como ninfeias. Robbin trouxe de Nova York alguns pedaços de tronco de samambaias arborescentes só para ilustrar uma explicação. Todos nós tínhamos visto segmentos desse tipo no mercado e em outros lugares; são vendidos por todo o México como xaxim para orquídeas, e os orquidicultores mexicanos e americanos usam-nos aos milhares. Só que isso, obviamente, implica a destruição da planta toda, e agora, por causa dessa prática, as samambaias arborescentes do México estão ameaçadas. Os troncos de samambaias arborescentes que ele trouxe são muito bonitos quando cortados na transversal; seis ou sete feixes vasculares percorrem o caule, e seu revestimento negro contrasta com a medula e o córtex brancos circundantes.

Foram trazidos muitos tesouros da expedição à vertente atlântica que perdi ontem. Robbin apareceu à noite no meu quarto, exausto mas entusiasmado depois de dezesseis horas

PTERIS PODOPHYLLA

de estrada, trazendo uma linda e enorme fronde de *Pteris podo-phylla* e um *Psilotum* que ele encontrou crescendo numa samambaia arborescente — samambaia crescendo em samam-baia. Agora eu os vejo, junto com outros espécimes, dispostos com capricho numa mesa.

John Mickel nos mostra uma rara fronde de *Elaphoglossum* — parece que ele arriscou a vida rastejando até quase a ponta de um galho de árvore para pegá-la; o galho rachou com seu peso e, por pouco, ele não despencou. Esses entusiastas não se importam em arriscar a vida pelas samambaias — e causam impressão com sua agilidade. O sessentão John, por exemplo, salta riachos, escala penhascos, trepa em árvores como um moleque; é a mesma coisa com quase todos do grupo, inclusive alguns dez anos mais velhos que ele.

Há várias espécies de *Botry-chium*, uma das quais nunca foi descrita. Quisera ter estado lá na hora da descoberta! Descobrir uma nova espécie é o ponto alto da carreira de um botâ-nico, quase o equivalente à descoberta de um novo ele-mento por um químico. Talvez a nova espécie de *Botrychium*, se for mesmo uma nova espécie e não uma mera variante, seja nomeada em honra a Herb Wagner — um professor de John e Robbin, membro antigo e muito estimado da AFS, que morreu no

ELAPHOGLOSSUM GLAUCUM

VISTA POSTERIOR DE UMA FRONDE, COM ESPORÂNGIOS

começo deste mês. Ou talvez em honra à nossa querida Eth Williams.

Ando pensando muito em Eth Williams, aliás todos nós, pois também ela morreu, aos noventa e cinco anos, poucos dias antes de nossa partida, e estamos todos desolados. As reuniões da sociedade nunca mais serão as mesmas agora que ela se foi. Eth e seu marido, Vic, estiveram presentes na primeira reunião da divisão de Nova York da AFS, cuja presidência ela assumiu em 1975. Ela comparecia a todas as reuniões, trazendo dezenas de brotos cultivados por ela a partir de esporos na estufa de sua casa — samambaias belas, algumas bem raras, que ela vendia ou leiloava por um preço simbólico, um ou dois dólares. Nunca vi mão tão boa para plantar quanto a dela: semeava os esporos em pelotinhas de turfa esterilizadas, mantinha-os numa câmara úmida até brotarem, depois transplantava os minúsculos brotos para vasinhos. Ela conseguia fazer brotar os esporos quando ninguém mais era capaz disso, e, além de trazer as samambaias para nossas reuniões, também foi ela quem forneceu todas as samambaias cultivadas a partir de esporos à coleção do Jardim Botânico de Nova York ao longo dos últimos vinte e cinco anos, trabalhando a princípio sozinha, depois com um dedicado grupo de cinco voluntários, o "Batalhão dos Esporos".

Ela, que outrora caminhava tanto, aos noventa anos começara a usar bengala; mesmo assim, permaneceu muito aprumada e ativa, com um humor sarcástico e lucidez total até o fim de seus dias. Conhecia cada um de nós pelo nome, e desconfio que ela representasse para nós a figura de uma tia ideal, ou tia-avó, o centro sereno das nossas reuniões. Ela e Vic se casaram nos anos 1950, e eram ambos ávidos botânicos de campo. Quando uma nova espécie peruana de *Elaphoglossum* (estavam entre as favoritas de Eth) foi descoberta em 1991, John deu-lhe o nome de *E. williamsiorum* em homenagem ao casal.

Alguém exibe umas samambaias himenofiláceas que achou na floresta pluvial de Oaxaca. Eth, só me resta pensar, teria adorado essas coisinhas delicadas: com a espessura de uma célula, essas samambaias requerem cem por cento de umidade em período quase integral, por isso não crescem em parte alguma além da floresta pluvial (já vi espécimes em Pohnpei e em Guam). Existem no mínimo dez espécies dessas encantadoras, diáfanas e infinitamente frágeis *Hymenophyllum* crescendo na floresta pluvial de Oaxaca.

Foi coletado um verdadeiro banquete de *Polypodium*, a samambaia de "muitos pés": *martensii, plebeium, longepinnulatum* — mas, se procurarmos bem, diz John, aqui existem mais de cinquenta espécies, e não apenas as dezenove anotadas na nossa lista.

Dick Rauh nos mostra os belos desenhos de samambaias que vem fazendo — uns trinta ou mais, de alguns centímetros quadrados cada, em uma longa tira de papel dobrado em forma de sanfona. Encanto-me especialmente com seu desenho da samambaia da ressurreição e com a representação de uma cena dramática que perdi na véspera, a de John Mickel espichado num galho alto de árvore, arriscando a vida para pegar sua *Elaphoglossum*.

Scott e Carol prepararam uma exposição de frutas, hortaliças e outros alimentos locais. Também têm algumas sementes que parecem uns carrapatos inchados: sementes de mamoneira, a euforbiácea *Ricinus communis*. Embora a mamona seja oriunda da África, dizem-nos, hoje é cultivada em grandes quantidades também no México, pois seu óleo tem inúmeros usos: é lubrificante de motores (inclusive o óleo Castrol, usado em carros de corrida), óleo de secagem rápida para tintas e vernizes, impermeabilizante de tecidos, matéria-prima na produção do náilon, óleo para lamparinas e, não menos importante, como purgante leve (lembro minha infância e as doses de óleo de rícino que às vezes me forçavam a engolir). Mas, embora o óleo seja benigno, a semente é letal, pois contem ricina, mil vezes mais tóxica que veneno de naja ou cianeto de hidrogênio. Isso desperta memórias, e todos ficamos lembrando a misteriosa morte de Georgi Markov, um jornalista búlgaro dissidente, numa rua londrina em 1978. Markov teve uma morte excruciante três dias depois de ter sido espetado na perna pela ponta afiada de um guarda-chuva quando estava num ponto de ônibus. A Scotland Yard descobriu que o ferimento, longe de ter sido acidental, introduzira em seu corpo um grânulo do tamanho de uma cabeça de alfinete contendo ricina.

Sistematizar o mundo vegetal é a especialidade de Scott, enquanto a de Carol é fotografar plantas, mas ambos são grandes conhecedores dos usos econômicos e da história natural da flora. É um deleite observar como o entusiasmo e o interesse de cada um se complementam. Simpatizo com esses casais de botânicos que compartilham a vida e o trabalho; parecem-me muito mais românticos do que casais de médicos, como meus pais. Eu me pego imaginando como eles teriam se conhecido e em que momento seu entusiasmo comum pela botânica os teria levado a se interessarem um pelo outro. Sinto-me comovido em especial com Barbara Joe e Takashi Hoshizaki, que suponho estarem hoje na casa dos setenta; sua inseparável vida conjugal e botânica já tem meio século ou mais. Takashi é nipo-americano, nascido na Califórnia, e conta histórias assustadoras do tempo em que ele, sua família e a maioria de seus vizinhos viveram internados em campos durante a Segunda Guerra Mundial. Barbara Joe, também natural da Califórnia, é sino-americana, e na geração deles casamentos mistos desse tipo eram coisa rara. Eles se conheceram em Los Angeles no tempo de estudantes, e quando se casaram Takashi projetou para Barbara Joe um lar onde ela pudesse acomodar suas samambaias. De qualquer lugar da casa ela pode contemplar seu luxuriante samambaial que fica do lado de fora, e há também uma estufa para as mais delicadas. Embora o interesse principal de ambos sejam as samambaias, Barbara Joe se dedica sobretudo à descrição e classificação, às linhagens e relações taxonômicas dessas plantas. Ela é a presidente nacional da American Fern Society e autora de uma bela obra enciclopédica intitulada *Fern grower's manual* [Manual do cultivador de samambaias], e está agora trabalhando com Robbin em uma nova edição da obra. Takashi interessa-se mais pela fisiologia vegetal, mas tem também outros interesses mais inesperados. Trabalhou por muitos anos nos Laboratórios de Propulsão a Jato em Pasadena, e é especialista em mecânica do voo. Genial para modelos e simulações, certa vez ele construiu um condor artificial tão realista que, quando colocado para voar em Los Angeles, pululavam relatos perplexos de condores gigantes sobrevoando a região. Os Hoshizaki insistem para que eu os visite em Los Angeles e prometem que me mostrarão o jardim mágico de samambaias que criam em casa. Também observei — só que demorei um pouco para perceber — dois casais de lésbicas e um de gays em nosso grupo. Relações conjugais muito estáveis, de longa data, consolidadas e estabilizadas pelo amor comum pela botânica. Todos os casais aqui, hetero e homossexuais, convivem com tranquilidade e sem constrangimentos. Todas as potenciais intolerâncias e rejeições, desconfianças e estranhamentos são transcendidos pelo entusiasmo generalizado pela botânica e a união do grupo.

Eu talvez seja a única pessoa solteira entre nós. A vida toda fui um solteirão. Mas isso também não tem a menor importância aqui. Tenho um intenso sentimento de pertencimento ao grupo, sinto que faço parte, que há uma afeição comum — um sentimento extremamente raro em minha vida, que pode ter algum papel num estranho "sintoma", uma sensação esquisita presente há um ou dois dias, que tive enorme dificuldade para diagnosticar e inicialmente atribuí à altitude. É, percebi de repente, um sentimento de felicidade, um sentimento tão inabitual que demorei a reconhecê-lo. Muitas são as causas dessa felicidade, suponho — as plantas, as ruínas, o povo de Oaxaca — mas esse doce sentimento de comunidade, de pertencimento, sem dúvida está entre elas.

QUINTA-FEIRA

Hoje presto mais atenção à vegetação quando passamos de ônibus pelo vale — cactos tubos de órgão [*Stenocereus thurberi*], serrilhados e aprumados; e nopal, que parece uma pera espinhosa. Esses cactos são parte indissociável da cultura — os brotos do nopal são fatiados e cozidos (têm feito o papel de verdura em quase todas as minhas refeições) e seus frutos, parecidos com morangos, dão uma geleia ou gelatina bem doce e saborosa. Nos pictogramas antigos há uma profusão de cactos. A águia empoleirada em um nopal, comendo uma serpente é um exemplo. Em 1325, esse foi para os astecas o sinal de que haviam chegado ao lugar onde deviam se estabelecer. Vimos uma dessas imagens há alguns dias, em uma pintura gigantesca na face de um rochedo próximo de Yagul. Em tempos pré-hispânicos, Luis nos explica como se recordasse (às vezes ele dá a impressão de conter em sua pessoa toda a história de seu povo), as serpentes eram símbolos sagrados, símbolos da terra; mudavam a pele conforme a Terra muda suas estações. Mas, na tradição cristã, a serpente passou a representar o mal, a tentação. E as cobras, antes reverenciadas, foram mortas deliberadamente a partir da chegada dos espanhóis.

Há ainda os pontudos agaves e iúcas. E acácias, uma porção delas. John Mickel avisa que devemos tratá-las com respeito, pois algumas abrigam colônias simbióticas de formigas, que atacam sem pena quem bulir com a casa delas. E a *Arundo donax*, uma cana alta e vistosa, com folhas lanceoladas, cujo pé pode ultrapassar os dois metros e meio. Ela pode ser usada como cobertura em telhados, e talvez para fazer tapetes e capachos. Há também a perigosa mulher má (*Mala mujer*), a *Cnidoscolus*, um pesadelo vegetal da família das euforbiáceas coberto de pelos venenosos. Eu já tinha ouvido meu vizinho de poltrona falar no avião que ela era usada para pregar peças, mas John nos alerta com a maior seriedade para que evitemos até o mais leve contato com essa planta.

Limeiras, romãzeiras, sebes de cactos tubos de órgão. A maioria das famílias possui um pequeno terreno com algumas cabras, jumentos, um pouco de milho, agave, opúncias. Maioria? Apenas algumas. Um jumento, Luis comenta, pode ser (proporcionalmente) mais caro aqui do que um carro nos Estados Unidos. A pobreza está evidente por toda parte.

O lixo nas ruas, a negligente sujeira nas encostas são resíduos morais do colonialismo, afirma Luis; refletem a mentalidade de que as ruas, as cidades, as terras não mais pertencem a quem nelas reside. Ele prossegue falando sobre a imensa ineficiência e a corrupção do Estado. Diz que os policiais ganham tão mal que é natural aceitarem cinquenta ou cem pesos para fazer vista grossa a um sinal vermelho ultrapassado, pois não ganham tudo isso por dia de trabalho. Ele conta que as máfias das drogas estão mancomunadas com a polícia. E esta, segundo ele, é tão temida quanto os bandidos.

Mais alto, mais alto ainda — um vale nas montanhas cheio de palmeiras, campos de agave.

Próximo a Mitla, Luis conta quando atravessamos o vale, existem alguns vilarejos com índios de sangue quase puro. Restam apenas três grupos de indígenas puros de fato: um nas florestas pluviais de Chiapas, um em Oaxaca, na floresta nebular, e um no norte do México. Não há estradas que levem a esses povoados, e eles são remotos, ficam a um ou dois dias de caminhada pelas montanhas. Os ancestrais desses índios fugiram na época da Conquista, e sobreviveram graças apenas ao isolamento; para eles, pelo menos, houve dignidade, autonomia, ao passo que se tivessem permanecido em Oaxaca, teriam sido escravizados.

Transcorridos cinquenta anos desde a chegada dos conquistadores, Luis continua, a população nativa estava dizimada. Doença, assassinato, desalento — povos inteiros suicidaram-se para evitar a escravidão, preferiram a morte. A maioria dos que permaneceram casou-se com espanhóis, e assim quase todos os mexicanos atuais são mestiços. Mas os mestiços não eram reconhecidos legalmente pelos governadores coloniais. Não tinham direitos, e seus filhos não podiam herdar seus bens, que eram entregues ao Estado.

A vida sob o domínio espanhol estava ficando intolerável, e a revolta, a revolução, tornava-se inevitável. Eclodiu em 1810, em 16 de setembro, data até hoje celebrada como o dia da Independência do México. A revolução foi iniciada por um pároco, relata Luis, que tocou o sino da igreja para reunir a população, gritando: "Viva Nossa Senhora de Guadalupe! Morte ao mau governo!". Mas onze anos se passaram até que a independência fosse alcançada, em 1821. Com ela, vieram várias décadas de caos sob uma série de governantes incompetentes, e foi então que o México perdeu para os Estados Unidos metade de seu território. Texas, Califórnia, Arizona e Novo México.

Seguiu-se uma breve bonança, cinco anos apenas — entre 1867 e 1872 — sob o benigno governo de Benito Juárez. Como seu contemporâneo Abraham Lincoln, Juárez tinha grandeza moral — seu princípio era "o respeito ao direito alheio é a paz" — e lutou tanto pela democracia como para libertar sua terra do jugo europeu.

Poucos anos depois da morte de Juárez, Porfirio Díaz chegou ao poder e governou o México com mão de ferro por trinta e cinco anos. Díaz, Luis explicou, foi uma figura muito ambígua: general, ditador, impiedoso, paranoico. E ainda assim organizou a construção de estradas e indústrias, pontes e edifícios. O país tornou-se mais produtivo, entrou no compasso do mundo modernizado, mas a um terrível custo humano: existiu na prática a escravidão em fábricas e em fazendas, uma colossal corrupção e enriquecimento ilícito.

Ao entrarmos no vilarejo de Mitla, vemos um cão correndo pelas ruas com uma perna amarrada a uma cabra. Há cães por toda parte, como no México em geral. Um deles tem uma perna quebrada — como será que aconteceu, como ele irá sobreviver? Crianças estendem a mão e pedem "¡Peso, peso!" quando passamos. Em dado momento, temos de frear bruscamente. Uma procissão religiosa vem logo adiante, encaminhando-se devagar para a igreja. Saio do ônibus, outros fazem o mesmo, e nos juntamos à procissão. As pessoas levam velas votivas, flores, folhas de palmeira. Avançam devagar, têm em seu meio cães, bebês, aleijados; rumam para a igreja, que badala alto suas boas-vindas assim que entram. Rojões explodem, a cachorrada desata a latir assustada; eu também estremeço.

Luis, embora seja católico devoto, resmunga contra essas manifestações: "Pão e circo para distrair as massas". Em sua opinião, a igreja local carece de coragem e poder. Para apaziguar o povo, oferece pão e circo — procissões —, mas em compensação, com sua passividade, apoia um governo corrupto. "Digo isso mesmo sendo católico", afirma Luis. "Creio na minha religião, mas estou triste e furioso com a igreja daqui."

O que imediatamente nos prende a atenção não são as ruínas de Mitla, e sim os troncos de cacto tubo de órgão empilhados perto do sítio. É comum arrancar esses troncos da terra para transformá-los em cercas; depois de assim "replantados", eles criam novas raízes e proliferam. (Recordo que, na Nova Zelândia, caules de samambaias arborescentes são usados da mesma maneira, e quando as frondes brotam cria-se uma luxuriante cerca viva.) Uma conferência de improviso sobre o tema das cercas vivas — as maravilhas arqueológicas de Mitla vão ter de esperar.

Tendo discutido à exaustão o uso de plantas na construção, erguemos agora os olhos para a igreja à nossa frente: um templo construído pelos espanhóis sobre o sítio mais antigo, usando as pedras das construções que eles haviam destruído. Mitla ainda era ativa quando os espanhóis chegaram, Luis está dizendo. Os conquistadores gostavam de arrasar cidades inteiras e, como símbolo de poder, construir igrejas sobre os alicerces originais. Mitla foi poupada parcialmente, mas uma nova Mitla foi construída sobre a antiga, usando, canibalizando as pedras originais. Gerações sucessivas continuaram a canibalizar, a explorar seu próprio passado.

Mas enquanto Yagul — pelo menos tudo o que agora resta dela — foi quase toda destruída, tendo sobrado apenas a planta baixa e algumas estruturas pouco pronunciadas e semidesmoronadas, aqui em Mitla, vestígios de um palácio inteiro permanecem em pé, acessados por enormes degraus de um metro de altura. O palácio possui dezenas de aposentos interligados que devem ter deixado os arqueólogos pasmos quando descobriram esse conjunto labiríntico.

As paredes do palácio são um composto de adobe — argila viscosa misturada a talos de milho e esterco animal, tudo fermentado e acrescido de pedras cônicas, para formar uma base elástica. As pedras podem se mover dentro da base de adobe, absorvendo e dispersando assim a força de um terremoto. Fico fascinado com essa informação, e desenho um diagrama em meu caderno: a descoberta milênios atrás de compostos para aumentar a força das construções e fazê-las resistentes a abalos. Como o grupo jamais deixa passar algo interessante, logo começa uma animada discussão acerca dos compostos na natureza — a interligação, em nível microscópico, de dois materiais distintos, um cristalino (ou amorfo, talvez) e um fibroso, para produzir algo mais duro, resistente e elástico que qualquer desses componentes isolados. A natureza empregou compostos em todo tipo de estrutura biológica: o casco dos cavalos, a concha dos abalones, os ossos, as paredes celulares das plantas. Usamos esse princípio para reforçar concreto, cerâmicas sintéticas e plástico; os zapotecas o aplicavam ao adobe.

A gigantesca cruzeta de pedra que encima a porta do palácio pesa, no mínimo, quinze toneladas. Foi cortada na região, mas como terá sido trazida até aqui? Eles não usavam animais domesticados, nem roda (exceto, curiosamente, em brinquedos), é possível então que a tenham transportado por rolagem sobre cilindros, como os egípcios fizeram durante a construção das pirâmides. Mas como os zapotecas puderam cortar e moldar com tanto primor essas pedras? Eles não tinham ferro, bronze, fundição de minérios. Tinham apenas os metais da região — prata, ouro, cobre —, todos moles demais para cortar pedra. O grande equivalente mesoamericano do metal foi o vidro vulcânico, a obsidiana. Usavam lâminas de obsidiana, presumivelmente, para fazer cirurgias, e que os astecas a empregavam em seus medonhos sacrifícios humanos. Compro na saída um afiado fragmento de obsidiana, de aspecto cruel, negro, translúcido na parte mais fina, com a fratura concoidal característica de todos os vidros.

As portas dos aposentos do palácio são baixas (e ficaram ainda mais baixas com os suportes de aço instalados posteriormente para reforçá-las). Mas na parte superior das paredes, no teto, possuem lindas e complexas figuras geométricas — copio algumas em meu caderno —, mosaicos, ameias, como nos padrões visuais de fortificações que podem surgir durante uma aura de enxaqueca, e complexos padrões hexagonais e pentagonais. Lembram-me desenhos de tapetes navajos, ou de arabescos mouriscos. Eu, que na maior parte das vezes sou dos mais calados do grupo — quem sou eu para falar em meio a tanta erudição? —, sinto-me estimulado pelas figuras geométricas a falar sobre as constantes neurológicas de forma, as alucinações com padrões geométricos de colmeias, teias de aranha, treliças, espirais ou funis que podem aparecer em situações de fome, privação sensorial ou intoxicações, e também na enxaqueca. Será que foram usados cogumelos *Psilocybe* para induzir alucinações desse tipo? Ou as sementes de glória da manhã, comuns em Oaxaca? Todos se espantam com minha súbita loquacidade e ficam fascinados com a ideia de que existem constantes de forma universais nas alucinações, uma possível base neurológica para a arte geométrica de tantas culturas.

No entanto, para tudo há limite — e depois de vinte minutos percorrendo os aposentos, admirando as obras da arte e a arquitetura pré-colombianas, o grupo anseia por sair e olhar o que realmente interessa: a vegetação. Aliás, os profissionais — Scott com sua câmera e caderno, David Emory com seus suspensórios de cores berrantes e seu "terceiro olho", a lupa — nem quiseram entrar no palácio, e ficaram botanizando lá fora. Scott mostra mais uma vez a nicotina selvagem, uma erva não indígena (*Tricholaena rosea*) trazida da África, alguns quenopódios, uma papoula espinhenta de um delicado tom amarelo e uma vespa parasítica enorme. Robbin mostra uma florzinha amarela em forma de estrela, uma das zigofiláceas; seu fruto de quatro pontas lembra um estrepe. Uma ponta sempre se sobressai, ele me explica, e se espeta na pata do animal que a pisar (do mesmo modo que o estrepe, usado como arma na era medieval), transportando-a para outro lugar. Gostei de saber que a palavra "caltrops" (estrepe, em inglês) ainda está em uso — simpatizo com ela, em parte por ser um nome singular terminado em S, como *Cacops* e *Eryops*, meus fósseis de anfíbios favoritos.

Voltamos para o ônibus. Faz muito calor no meio do dia, e quando o ônibus dá marcha a ré vejo dois meninos de bicicleta, conversando à sombra de uma árvore. Tento pegar a câmera, mas não dá tempo. Teria sido uma foto encantadora.

Viajamos de Mitla para Matatlán, um vilarejo onde muita gente fabrica mescal em casa. O agave — *maguey* — é para os centro-americanos o que a palma é para os polinésios. O próprio nome, "agave", significa admirável. O enviado de Carlos v enalteceu a planta em 1519: "Decerto a natureza nunca se combinou em uma planta mais essencial, mais venerada, mais fascinante", e Humboldt a descreveu em termos igualmente líricos três séculos mais tarde. Pois o *maguey* fornece não só fibras para cordas e tecidos grosseiros, além de espinhos usados como agulha de costura, como também sua polpa doce e cheirosa é usada para fermentação. A destilação era desconhecida antes dos espanhóis, por isso havia somente o *pulque*, uma bebida fermentada feita com *maguey* que não podia ser conservada e era consumida imediatamente após a fermentação. Quando saímos de Mitla, passamos por plantações de *maguey*, algumas em encostas sem água que não poderiam abrigar nenhuma outra cultura.

Alguns dos *magueys* têm talos altos com flores esverdeadas ou cor de creme. Uns poucos possuem, em vez de flores, bulbilhos, que podem crescer como novas plantas. John nos explica que os brotos são plantados em uma estufa por dois anos e depois são transferidos para o campo, onde ficam por mais oito anos. Na colheita são removidas todas as folhas, e o caule é cortado rente ao chão. Muitos caules — *piñas* — contêm gusanos de *maguey*, que são colhidos e acrescentados ao mescal a título de iguarias.

Das muitas comidas que experimentei nesses últimos dias, os gafanhotos têm lugar especial — crocantes, com gosto de nozes, deliciosos e nutritivos. Em geral são comidos fritos e temperados.* Agora que me acostumei com eles, estou pronto para experimentar o gusano de *maguey* — vemos cestos fervilhantes deles quando vamos à destilaria. Parecem um pouco os vermes Klingon comidos vivos em *Jornada nas estrelas*.

E por que parar nos gafanhotos e larvas? Um quarto da massa animal da Terra é composto de formigas. Isso é uma ameaça (pois elas produzem enorme quantidade de metano, que aumenta o buraco na camada de ozônio), mas também pode ser uma imensa fonte de alimento. Se fosse possível remover o ácido fórmico ou o que quer que fosse delas, as formigas poderiam alimentar multidões de famintos. Aliás, dizem que larvas de formiga são uma iguaria em restaurantes mexicanos caros.

(Mas há um inseto que *não* devemos comer. Não se deve engolir um vaga-lume. Dizem que, se alguém engolir três vaga-lumes, está liquidado. Esses insetos contêm uma substância com ações semelhantes às da dedaleira, porém de uma potência extraordinária, e com eles não se deve brincar.)

Existem pelo menos duas dezenas de destiladores de mescal

---

* O gafanhoto, por uma determinação bíblica especial, é kosher, em contraste com a maioria dos invertebrados. (João Batista não viveu de gafanhotos e mel?) Essa sempre me pareceu uma dispensa razoável, até necessária, pois nos tempos antigos a vida em Israel era marcada pela imprevisibilidade, e os gafanhotos, como o maná, eram uma dádiva de Deus em períodos difíceis. Além disso, os gafanhotos vinham em incontáveis milhões e arrasavam as sempre precárias colheitas da época. Por isso, parecia muito justo, uma justiça poética e nutricional, que alguns daqueles comilões fossem eles próprios comidos. No entanto, fiquei indignado, mas também achei graça, quando visitei o Pantanal brasileiro alguns anos atrás e soube que ali as capivaras — animais mansos, herbívoros, que não fazem mal a ninguém — quase foram dizimadas em certa época por causa de uma dispensa especial do papa decretando que na Quaresma esses mamíferos podiam ser considerados "peixes" e, portanto, comidos. Um sofisma monstruoso que ainda por cima deixou as meigas capivaras à beira da extinção. (Os castores, na América do Norte, Robbin me diz, também foram classificados como "peixes" com esse mesmo propósito.)

só em Matatlán, a maioria pequenos fabricantes de fundo de quintal. Um cheiro forte de *maguey* em fermentação perfuma todo o vilarejo — respirar este ar pode até render uma viagem. Visitamos um destilador que tem na porta da rua um toldo de cores alegres. Vemos as *piñas*, caules de *maguey*, cobertas com sacos de aniagem e terra, numa vala no pátio da casa. Nesse local é feita uma fogueira para assar as *piñas* por três dias. Isso converte o amido dos caules em açúcar — as *piñas* ficam deliciosas, e são comidas como cana-de-açúcar, especialmente pelas crianças. Os talos assados são moídos com uma pedra sobre uma plataforma redonda, também de pedra. Uma mula move esse engenho. O caldo é posto para fermentar em grandes tonéis. Ele borbulha, libera bolhas pesadas de dióxido de carbono, e começa a se tornar alcoólico. A massa borbulhante é então cozida por três horas numa grande chaleira de cobre, e o destilado é coletado por baixo. A destilaria específica que estamos visitando produz "mescal puro" (graduação cinquenta por cento, ou seja, quase metade álcool) e *pechuga*, mescal condimentado com peito de frango. O *pechuga* tem um sabor mais delicado e é muito apreciado — mas a ideia de peito de frango cru me incomoda, é uma mistura de duas categorias. Lembra um pouco a ideia de gim com sabor de peixe. Há também variações que vão mais na linha das bebidas mesmo, condimentadas com ameixa, abacaxi, pera e manga. Ganhamos amostras de todas elas para provar — e o efeito nos estômagos vazios é imediato e forte. Uma estranha jovialidade se apossa de todos: sorrimos uns para os outros, gargalhamos por nada. Passamos duas horas bebericando (e comprando quinquilharias absurdas) no meio do dia. É a primeira vez que vejo nosso austero e intelectualmente dedicado grupo se descontrair, permitir-se relaxar, ter ataques de riso, fazer bobagem.

Acesos pelo álcool, de pileque e famintos, rumamos para La Escondida, um famoso restaurante com um imenso bufê de mais de cem pratos, alguns fascinantes pela aparência, surreais, e alguns poucos reconhecíveis. Quase tenho a sensação de estar noutro planeta. Devo me concentrar em um prato, em meia dúzia, ou provar todos? Decido experimentar tudo, mas depois de provar uns vinte percebo que está além das minhas forças. Seria preciso vir aqui uma vez por semana e ater-me a uma escolha diferente por vez. Sei que Oaxaca possui a flora mais rica do México. Agora vejo que também tem a maior riqueza e variedade de comidas. Acho que estou começando a me apaixonar por este lugar. Saciado, inchado e meio tocado também, sou acometido por uma forte vontade de dormir. Por coincidência, vejo lá fora um homem adormecido no carro, debruçado no volante — é médico, noto pela placa no para-brisa. Está um pouco imóvel demais, e parece pálido. Estará apenas tirando uma soneca, adormecido, em coma, ou morto? Devo ir até o carro, dar-lhe uns tapinhas no ombro? Talvez os tapinhas venham a revelar que ele não pode ser acordado e derrubem do volante seu corpo inanimado. Mas talvez ele fique furioso por ser acordado dessa maneira. O que eu iria dizer? Só estava verificando, queria ter certeza de que o senhor não estava morto, *rarará*, com uma risada nervosa em tom de desculpa. Como não falo espanhol, não faço nada — mas quando o ônibus parte, alguns minutos depois, olho mais uma vez para ele. Continua imóvel, arriado no volante de seu carro abafado.

Toda a população de Matatlán se ocupa da destilação de mescal. É um fenômeno comum esse mosaico de vilarejos especializados, essa organização econômica cuja origem remonta à era pré-colombiana. Por exemplo, em Arrazola todo mundo esculpe madeira; em Teotitlán del Valle todos são tecelões; e em San Bartolo Coyotepec, aonde acabamos de chegar, as pessoas fabricam a cerâmica negra que faz a merecida fama de Oaxaca. Presenciamos um rapaz dar forma a um jarro sem usar o torno, uma técnica pré-colombiana. Ele fixa a alça e, num gesto hábil e delicado, puxa a borda para formar um bico. A argila demora três dias para secar. Não é vitrificada, mas recebe uma espécie de polimento com o que parece ser um pedaço de quartzo, depois a peça é queimada a mais de quatrocentos graus num forno fechado, que restringe o oxigênio disponível. Isso faz os óxidos metálicos da argila converterem-se em sua forma metálica, o que dá brilho à cerâmica. Os minérios desta região são bastante ricos em urânio — quando voltar para casa, vou querer saber se essas vasilhas são magnéticas e testar sua possível radioatividade com um contador Geiger.

Em Teotitlán del Valle visitamos a casa de Don Isaac Vásquez, mestre tecelão famoso fora do México por seus tapetes e cobertores e pelo uso de tinturas naturais. Ele mora e trabalha com sua numerosa parentela — as famílias estendidas são comuns por entre os artesãos daqui; quase se pode falar em uma classe de artesãos com laços hereditários. As crianças são treinadas desde pequenas na arte de tecer e tingir. Vivem imersas no ofício, e o assimilam, consciente ou inconscientemente, a cada minuto do dia. Suas habilidades, suas identidades são moldadas desde cedo, não apenas por sua família, mas pelo próprio vilarejo e sua tradição local.

Vendo Don Isaac e sua velha mãe — que carda a lã —, sua mulher, seus irmãos e irmãs, primos, sobrinhas e sobrinhos — a meia dúzia de crianças pelo quintal —, vendo todos no trabalho absortos, ocupados com diferentes aspectos do ofício, sinto uma melancolia e, ao mesmo tempo, uma leve inquietação. Todos ali sabem quem são, têm sua identidade, seu lugar e um destino no mundo. São os Vásquez, os mais antigos e renomados tecelões de Teotitlán del Valle, a encarnação atual de uma antiga e nobre tradição. Suas vidas estão predestinadas, quase programadas desde o nascimento — vidas úteis e criativas, uma parte indissociável da cultura a seu redor. Eles pertencem. Praticamente todo mundo em Teotitlán del Valle tem conhecimentos profundos e detalhados sobre tecelagem, tintura e as técnicas relacionadas: cardar, pentear a lã, fiar, criar os insetos em seus cactos favoritos, colher das anileiras certas. Um conhecimento completo está localizado, incorporado nos indivíduos, nas famílias deste vilarejo. Não é preciso convocar "especialistas", nem recorrer a conhecimentos externos aos que já existem no vilarejo. Cada aspecto dessa especialização situa-se exatamente aqui.

Que diferença da nossa cultura, mais "avançada", onde

ninguém sabe produzir as coisas sozinho. Uma caneta, um lápis: como são feitos? Seríamos capazes de fazer um, caso fosse preciso? Temo pela sobrevivência deste vilarejo e de muitos como ele, que perduram há mil anos, ou mais. Irão desaparecer no nosso superespecializado mundo de consumo em massa?

Há algo de cativante e estável neste vilarejo de artesãos e em seu lugar estabelecido, fixo na cultura. Povoações como esta mudam muito pouco no decorrer do tempo: os filhos sucedem os pais e são, por sua vez, sucedidos. Séculos se passam sem desenvolvimento nem ruptura. Sou dominado pelo anseio por uma vida atemporal, medieval como esta.

Por outro lado, reflito, e se um dos jovens Vásquez tiver grande habilidade matemática? Ou o impulso de escrever? Ou de pintar, compor música? Ou apenas um desejo de sair, ver o mundo, fazer alguma coisa diferente. E então? Que conflitos ocorreriam, que pressões se fariam sentir?

Vemos a lã ser cardada, penteada, tecida, os tecelões trabalhando em meio a seus grandes teares de madeira, mas nosso interesse, ou pelo menos o meu, está voltado mais para as tinturas. São empregadas apenas tintas naturais, as mesmas que se usavam milênios antes da conquista — a maioria é vegetal, e a cada dia se usa uma tintura diferente. Hoje é dia de vermelho, dia de cochonilha.

Quando os espanhóis viram a cochonilha pela primeira vez, ficaram maravilhados. Não existia no Velho Mundo nenhuma tintura de um vermelho tão rico e denso, tão firme, estável e resistente. A cochonilha, ao lado do ouro e da prata, tornou-se um dos grandes tesouros da Nova Espanha e, na verdade, foi mais valorizada, peso a peso, que o ouro. É preciso muitos milhares de insetos, Don Isaac nos explica, para produzir uma libra do material seco. Os insetos, as cochonilhas (só as fêmeas são usadas) são encontrados em certos cactos nativos do México e da América Central — por isso a tintura era desconhecida no Velho Mundo. Ao lado do estabelecimento de Don Isaac, foram plantadas opúncias onde esses insetos formam pequenos casulos cerosos, brancos e rijos, meio parecidos com páleas, que podemos partir com uma faca (ou às vezes com a unha). Depois de extrair os insetos, é preciso remover-lhes a cera e moê-los. Várias das crianças de Don Isaac estão executando essa tarefa com rolos, esmagando o pó seco para que ele se torne cada vez mais fino e, no processo, assuma um forte tom magenta ou carmim.

Aproximadamente dez por cento desse pó, fico sabendo, é ácido carmínico. Gostaria de saber a fórmula estrutural dessa substância e se pode ser sintetizada com facilidade. (Depois da viagem, fui pesquisar e descobri que é fácil sintetizá-la. Mas isso colocaria milhares de mexicanos no desemprego, prejudicando uma indústria e um artesanato tradicionais que fazem parte da história do país há milhares de anos.)

O magenta, ou carmim forte, ainda não é o tom escarlate brilhante que cativou os espanhóis, a arrojada cor escarlate que infundiria terror a seus inimigos e mais tarde seria usada para tingir os casacos dos Redcoats britânicos. Esse vermelho tão vivo só aparece quando a cochonilha é acidificada — o que aqui se faz com suco de limão. A súbita mudança de cor é espantosa. Molho o dedo na cochonilha agora brilhante e sinto a tentação de lambê-lo. Sem problemas, diz Don Isaac; a mistura às vezes é usada em bebidas vermelhas e batons, e também na mais fina tinta de escrever. Tinta escarlate — tinta de cochonilha! E agora me lembro, uma recordação de cinquenta anos atrás, que usávamos cochonilha como corante nas aulas de biologia — hoje ela é parcialmente substituída por corantes escarlates sintéticos, mas nos anos 1940 ainda não existia nenhum produto sintético tão brilhante.*

---

* James Lovelock, em sua autobiografia, *Homage to Gaia*, relata seu entusiasmo, quando jovem aprendiz em uma tinturaria, ao preparar carmim com cochonilhas. As quantidades envolvidas eram colossais — um saco com cinquenta e um quilos desses insetos tinha de ser mexido em um enorme tacho de cobre cheio de ácido acético fervente ("parecia com umas figuras que eu vira do equipamento do laboratório de um alquimista"), e após quatro horas de fervura, o líquido escuro, marrom-avermelhado, tinha de ser decantado e tratado com alume, depois com amônia. A adição de amônia precipitava a laca de carmim, que ele tinha de filtrar, lavar e secar. Agora finalmente ele tinha o puro pó de carmim, que era, ele escreve, "uma cor vermelha tão pura e intensa que parecia extrair a sensação da cor do meu cérebro através dos meus olhos. Que alegria participar da transmutação de besouros desidratados no carmim imaculado! Eu me sentia ... um aprendiz de feiticeiro!".

O pó moído — quase meio quilo (nem ouso pensar no imenso custo humano de criar setenta mil insetos, removê-los dos cactos à mão, derreter, secar e moer, moer) — é despejado num grande vaso com água fervente sobre o fogo a lenha e mexido, mexido até que a água adquira o tom vermelho sangue, e então a lã bruta, em grandes meadas, é mergulhada na mistura. A lã demorará de duas a três horas para absorver a tinta toda. Olho os esplêndidos vermelhos à minha volta e sinto um desejo: seria possível, pergunto, tingir minha camiseta de vermelho? Dou-lhes minha camiseta cinza de algodão do Jardim Botânico de Nova York, e em minutos ela assume um delicado tom rosado. Quero saber se a cor ficará mais forte, mas me explicam que o algodão, ao contrário da lã, não absorve muito bem a tinta. Apesar disso, penso animado, logo terei a única camiseta de cochonilha do mundo!

Faço um borrão vermelho sangue de cochonilha no meu caderno, como os borrões das substâncias químicas que eu (de propósito ou sem querer) fazia nos meus livros de química do colégio.

SEXTA-FEIRA

Ontem tivemos um fim de dia mágico, na forma de um espetacular eclipse lunar total. Parte do nosso grupo subiu a trilha íngreme vizinha ao hotel e foi até o observatório no alto dos montes (que já não é mais o ideal, penso, por causa das luzes da cidade). Nos acomodamos nas rochas e no chão, alguns com binóculos e pequenos telescópios (eu, com minha luneta), e garrafas de mescal, e ficamos contemplando a Lua cheia. Era uma noite sem nuvens, com visibilidade perfeita. Robbin serviu mescal para todos e, tocados pela bebida, uivamos e latimos olhando para o alto, nos perguntando como será que os lobos e os outros animais se sentiram quando a lua, a sua lua, lhes foi roubada. Conjeturamos sobre como os eclipses seriam entendidos e recebidos pelos zapotecas e astecas — e se o poder dos seus sacerdotes, a reverência que desfrutavam, poderia derivar, em parte, de sua habilidade de prever tais fenômenos.

Depois, quando metade da lua já havia sumido, afastei-me do grupo à procura de outro lugar para observar, pois desejava ver o "desfecho" sozinho — aquele singular momento (uns cinco minutos, na verdade) em que vemos apenas um crescente de luz muito estreito que parece transiluminar o resto da lua, dando-lhe um aspecto de bola de cristal suavemente acesa, uma gigantesca esfera de vidro luminosa no céu, com fissuras em geral invisíveis, tudo banhado por aquela estranha penumbra avermelhada que sempre é tão intensa no final de um eclipse.

Hoje vamos às grandiosas ruínas de Monte Albán, e para me preparar tratei de ler um pouco sobre elas em meu guia de viagem. O lugar foi fundado no tempo dos olmecas, por volta de 600 a.C. — mais ou menos na mesma época de Roma; logo se tornou uma base da cultura zapoteca, o eixo político e comercial da região, e seu poder estendia-se em todas as direções num raio de duzentos quilômetros, tendo como centro o mirante de seu inigualável platô nas montanhas. A nivelação de um topo de montanha para criar esse platô foi, em si, uma espantosa façanha de engenharia, sem falar no fornecimento de irrigação, alimento e saneamento para uma população estimada em mais de quarenta mil pessoas. A cidade abrigava escravos e artesãos, vendedores ambulantes e mercadores, guerreiros e atletas, mestres de obra e sacerdotes astrônomos, e foi o núcleo de uma rede de relações comerciais disseminadas por toda a Mesoamérica — um grande mercado de obsidiana, jade, penas de quetzal, peles de jaguar e conchas das costas do Atlântico e do Pacífico. Sem que se saiba por quê, ainda ao que parece no auge de sua influência e poder, o lugar foi abandonado por volta de 800 d.C., após mil e quinhentos anos de existência. Monte Albán, embora muito mais antiga do que Mitla ou Yagul, era considerada sagrada pelos zapotecas, e acredita-se que eles tenham conseguido escondê-la dos conquistadores. Graças a isso, boa parte da cidade ainda permanece em pé, quase como no dia em que foi construída.

Na periferia de Monte Albán vemos montículos piramidais, tumbas e pequenos terraços pontilhando as encostas. Essas colinas antigas são ricas em história humana, uma história muito anterior à da própria cidade de Oaxaca, que tem apenas sete séculos. Minha primeira impressão sobre Monte Albán é de assombro, surpresa. A cidade em si é espaçosa e imensa, uma dimensão magnificada, talvez, por seu vazio sobrenatural. Do elevado platô, tem-se uma visão aérea de Oaxaca, uma colcha de retalhos espraiada no vale abaixo. Aqui há ruínas em uma escala tão monumental quanto em Roma e Atenas — templos, mercados, átrios, palácios —, porém nas alturas, num topo de montanha, contra o vivo céu azul mesoamericano, e de um caráter totalmente distinto. Ainda paira sobre a cidade uma ideia de divindade, pois ela já foi uma cidade de Deus, como Jerusalém, só que agora está desolada, deserta. Os deuses fugiram, junto com o povo, mas dá para sentir que um dia estiveram aqui.

O próprio Luis está numa espécie de transe, o que confere uma qualidade hipnótica à sua voz enquanto fala, explicando que as imensas plataformas e átrios da cidade ecoam os contornos dos montes e vales ao redor, a cidade toda sendo um modelo do cenário natural onde está inserida. Harmoniosa, mas não apenas internamente; em harmonia também com a paisagem ao redor.

Surpreendo-me com uma das construções, disposta em um ângulo violento em relação a todo o resto, revoltada contra a simetria imperante. Tem uma estranha forma pentagonal que me faz pensar em uma nave espacial gigantesca que despencou neste topo com jeito de pista de pouso do monte Albán — ou, talvez, que está prestes a ser lançada às estrelas. Seu nome oficial é Construção J, porém é chamada por todos de Observatório, pois seu ângulo destoante parece ter sido concebido para oferecer a melhor vista possível dos deslocamentos de Vênus e seus ocasionais alinhamentos com outros planetas.

Os sacerdotes astrônomos de Monte Albán, Luis estava dizendo, elaboraram um intricado calendário duplo, que logo se tornaria universal na Mesoamérica. Havia um calendário secular terrestre de 365 dias (mais tarde os astecas calcularam que o ano solar durava 365,2420 dias) e um calendário sagrado de duzentos e sessenta dias, no qual cada dia possuía uma importância simbólica única. Os dois calendários coincidiam a cada 18 980 dias, aproximadamente cinquenta e dois anos solares, assinalando o fim de uma era — e esse era um tempo de imenso terror e desalento, marcado pelo temor de que o Sol nunca mais aparecesse. Para evitar o temido evento, a última noite desse ciclo era preenchida com cerimônias religiosas solenes, penitências e (mais tarde, com os astecas) sacrifícios humanos, tudo ao mesmo tempo em que ocorria uma frenética observação do céu para ver que caminhos seguiriam as estrelas, os deuses.

Anthony F. Aveni, especialista em astronomia e arqueoastronomia mesoamericana, escreveu que os astecas

[...] viam no céu o sustento da vida — os deuses a quem eles procuravam retribuir, com o sangue do sacrifício, por mandar chuvas favoráveis, por impedir que a terra tremesse, por incentivá-los nas batalhas. Um dos deuses era o Tezcatlipoca Negro, que com sua roda (Ursa Maior) governava a noite em sua morada no norte. Ele presidia a arena de esportes cósmica (Gêmeos) onde os deuses se divertiam num jogo para determinar o destino da humanidade. Ele acendia as varetas de fogo (cinturão de Orion) que traziam calor ao lar. E no fim de cada ciclo do calendário de 52 anos, o Tezcatlipoca Negro ajustava o ritmo do rabo da cascavel (as Plêiades) para que ela passasse no mais alto do céu à meia-noite — garantia de que o mundo não se acabaria e de que à humanidade seria concedida mais uma temporada de vida.

Os sacerdotes astecas, em seu templo de observação do céu em Tenochtitlán, estavam fazendo o que os sacerdotes astrônomos zapotecas haviam feito em Monte Albán mil anos antes. Os astecas eram mais supersticiosos, mais dominados por uma espécie de fatalismo cósmico que os zapotecas. É fácil deduzir, de observações contidas em um raro códice asteca preservado até nossos dias, que os astecas viram um eclipse solar parcial na tarde de 8 de agosto de 1496, e isso, talvez combinado a estrelas cadentes e conjunções malignas ou equívocas dos planetas, deixou-os tremendamente apreensivos. Foram esses temores apocalípticos, supõe Luis, e não só as divisões políticas entre eles e a sua incapacidade de se contrapor às armaduras de aço e às armas dos espanhóis, o que levou ao seu colapso quase fatalista antes da chegada de Cortés e seu pequeno bando de conquistadores.

Todos esses pensamentos se amontoam em minha mente enquanto fito o Observatório e me pego refletindo sobre as estranhas interpenetrações da superstição e da ciência, a mistura do inacreditável avanço e das ingênuas crenças animistas acalentadas pelos mesoamericanos. E sobre quanto de tudo isso ainda temos em nós mesmos. Toda a vida mesoamericana há de ter sido impregnada e dominada pela noção do sobrenatural tanto quanto foi pela noção de natureza — dos deuses que governavam do céu e do mundo dos mortos, aos deuses do milho, do terremoto e da guerra.

Andando por Monte Albán, vendo os templos, as plataformas elevadas, as imensas bases de pirâmides, toda a imponente arquitetura voltada para o exterior e os espaços abertos, vem o tempo todo ao meu pensamento o antigo Egito. Luis discorre sobre a influência, neste local, da ideia do sagrado sobre a estética — uma religião de forças e formas naturais que molda os espaços e as estruturas da cidade. Parece ter sido uma religião branda, reverente, praticada a céu aberto (embora vinculada, por elaboradas sincronicidades, aos planetas, às estrelas, a todo o cosmos) —, uma religião que dispensava a violência, os sacrifícios humanos, os horrores dos astecas. Pelo menos é o que Luis afirma.

Os ancestrais eram venerados aqui em Monte Albán, como no antigo Egito, com majestosas tumbas, ou mausoléus, dispostos ao redor da cidade; é uma cidade dos mortos, uma necrópole tanto quanto uma metrópole. Também há sepulturas mais humildes: os túmulos exíguos de pais e avós enterrados em suas próprias casas, para que seus espíritos pudessem permanecer com seus descendentes. Uma dessas sepulturas está exposta, aberta sob uma placa de vidro, no Museu de Monte Albán. Mostra uma mulher de setenta e cinco anos, mirrada, com os dentes descalcificados, osteoporose e joelhos osteoartríticos de toda uma vida de trabalho árduo, talvez ajoelhada, triturando milho. Parece uma indignidade ser exposto dessa maneira — no entanto, dá a este lugar uma realidade humana. Como terá sido, pensamos, a vida dessa mulher, sua vida interior?

É fácil fechar os olhos e imaginar a vasta praça central de Monte Albán apinhada — vinte mil pessoas caberiam aqui —, talvez por ser o dia semanal do mercado, um mercado como o que Bernal Díaz viu em Tenochtitlán. Milhares a disputar espaço na praça, comerciantes e ambulantes de todas as partes apregoando suas mercadorias.

Minha memória dá um salto, volta inopinadamente ao mercado em Oaxaca, não aos ambulantes e lojistas, mas aos mendigos no entorno, indigentes, prostrados. Assim como eles, o homem que vende laranja aos turistas na entrada de Monte Albán poderia ser descendente dos que construíram este lugar — ou dos conquistadores, ou talvez de ambos. A enormidade de nosso crime, a tragédia, me esmaga. Percebe-se por que alguns execram Colombo e Cortés como vilões.

É possível reconstruir uma identidade que foi solapada e destruída tão impiedosamente e de maneira tão sistemática? E se alguém tentasse fazer isso, o que significaria? As antigas línguas pré-colombianas ainda existem e são faladas por boa parcela, talvez um quinto, da população. Os alimentos básicos continuam os mesmos: milho, abóbora, pimentas, feijões de cinco mil anos atrás. Muitos elementos da cultura ainda sobrevivem. O cristianismo, temos a impressão, apesar de toda a sua longa história, ainda é em certos aspectos apenas um tênue verniz. A arte e a arquitetura do passado são visíveis por toda parte.

Em pé num dos imensos espaços centrais abertos de Monte Albán, imagino a enchente da multidão, vozes falando em uma dezena de línguas, templos abarrotados de fiéis, suas preces subindo ao céu, enquanto os astrônomos trabalham em silêncio no edifício em forma de espaçonave. Imagino a atroada da massa, talvez toda a população de Monte Albán espremida no estádio para assistir a um jogo sagrado.

É isso, o estádio para jogos de bola, e a importância dessa atividade, que parece ser uma exclusividade da Mesoamérica, pois não havia campos para jogar bola no Velho Mundo, seja nas cidades, seja nos céus. Não havia jogo de bola, nem bolas — e como é que se vai jogar bola sem uma bola decente? Mas essa não foi uma associação que fiz logo de início.

O estádio é belíssimo, está agora restaurado de acordo com seu estado original, um imenso gramado oblongo com enormes "arquibancadas" de granito erguendo-se em forma de pirâmide dos dois lados. Sabemos pouquíssimo a respeito das regras ou da importância dos jogos que se realizavam aqui. A versão zapoteca do jogo de bola, Luis explica (em contraste com a versão posterior, "degenerada" dos astecas — mas talvez Luis, por ser zapoteca, esteja sendo parcial) não era bem uma disputa, e sim algo mais parecido com um balé, um interminável, nunca resolvido movimento de luz e sombra, vida e morte, sol e lua, macho e fêmea — a interminável luta, a dinâmica, do cosmos. Não havia vencedores, nem perdedores, nem objetivos nesse jogo.

O jogo de bola, ainda que sublime em seu simbolismo, também era intensamente físico. Equipes de cinco ou seis jogadores usavam todas as partes do corpo *exceto* pés e mãos. Usavam os ombros, os cotovelos e especialmente os quadris, cingidos por uma armação em forma de cesto que ajudava a proteger e conduzir a bola. Esta, maior do que uma bola de basquete, era de borracha sólida, uma contundente pelota de quase cinco quilos. A versão asteca, pelo menos, em contraste com a interpretação de Luis para a forma zapoteca, era um jogo competitivo — e letal, pois o capitão perdedor (ou às vezes o vencedor) era ritualmente sacrificado e comido.

Mas a discussão em nosso grupo botânico transfere-se para a bola e para o fato de os indígenas da Mesoamérica terem descoberto um modo de extrair o látex de árvores nativas, séculos ou mesmo milênios antes da chegada dos espanhóis. Estes, aliás, ficaram perplexos com as bolas de borracha: "Quando batem no chão, saltam no ar com grande rapidez", escreveu um assombrado explorador no século XVI. "Como pode acontecer isso?" Alguns exploradores pensavam que a bola devia estar viva; nunca se vira no Velho Mundo nada tão elástico, que ricocheteasse dessa maneira. Conheciam a elasticidade de uma mola comprimida, de um arco esticado, mas sequer sonhavam com uma substância que fosse, em si, elástica.

Muitas plantas têm uma seiva leitosa e viscosa, ou látex. Sem intervenção, ela secará, ficará sólida, quebradiça e frágil. É preciso tratá-la para coagular os microscópicos glóbulos de borracha ali contidos, produzindo uma massa que, ao secar, transforma-se no material sólido e elástico que conhecemos como borracha. Não existe uma única árvore de borracha. Várias famílias de árvores fornecem um látex adequado, e muitas delas foram descobertas por mesoamericanos. Os maias perceberam que podiam cortar a árvore *Castilloa elastica*, coletar o látex numa gamela e tratá-lo com a seiva ácida de glória da manhã (o que era muito conveniente, pois era comum a *Castilloa* ser rodeada por trepadeiras dessa planta). A borracha que eles produziam era usada não só nas enormes bolas de jogar, mas também em bolinhas que serviam de brinquedo para as crianças e na feitura de imagens e estatuetas religiosas, sandálias de sola emborrachada e na amarração da cabeça dos machados aos cabos.

Ao contrário do chocolate e do tabaco, que foram levados para a Espanha pelos primeiros exploradores e logo adotados, a borracha demorou a emplacar na Europa. Quando isso enfim aconteceu, foi com a borracha da árvore amazônica *Hevea*, e é por isso que hoje essa espécie é tão cultivada. As primeiras folhas de borracha enrolada só foram levadas para a França nos anos 1770, e ali despertaram grande interesse. Charles Mackintosh, na Escócia, viu que a borracha podia ser usada para fabricar tecidos impermeáveis, e passou a fabricar a capa de chuva que se tornou conhecida como "mackintosh". Joseph Priestley, o descobridor do oxigênio, percebeu que o material podia ser usado como apagador de marcas de lápis (só então a palavra "rubber", que serve para designar a substância e o objeto de apagar, entrou para a língua inglesa — mas acho que prefiro a estrambótica palavra francesa "caoutchouc", que ecoa o termo quíchua original).

Só no século XIX Charles Goodyear veio a descobrir que, se a goma bruta fosse tratada com enxofre e aquecida, era possível obter uma forma altamente maleável e elástica de borracha.

Nesse sentido, Goodyear "inventou" a borracha — só que os maias já a haviam inventado milênios antes. (Apenas há pouco tempo se descobriu que a glória da manhã contém compostos de enxofre que, como no processo de Goodyear, são capazes de interligar os polímeros do látex e introduzir segmentos rígidos em suas cadeias — cadeias que se enleiam umas nas outras e interagem, produzindo a elasticidade da borracha.)

Meio ouvindo, meio sonhando, imagino o estádio como ele deve ter sido há mil e quinhentos anos, no apogeu de Monte Albán, os jogadores aos empurrões usando os quadris e nádegas com uma energia graciosa mas encarniçada, tocando a bola pesada, quase viva, sentindo que reproduziam o jogo de bola do céu e que seus movimentos, seus padrões, as constelações que traçavam, estavam equilibrando as ações do cosmos, dos senhores da vida e da morte.

Esses meus pensamentos transcendentes são interrompidos pela visão de John Mickel arremetendo em direção à tumba 105. "*Astrolepis beitelii!*", ele exulta (uma *Astrolepis* que ainda não constava de nossa lista). Mickel está atacadíssimo pela paixão pteridológica. Aliás, eu me dou conta, enquanto o resto de nós explora Monte Albán e se derrete com suas maravilhas, três figurinhas podem ser vistas num prado lá embaixo: J. D., David e Scott, curvados, agachados ou de borco no chão, examinando a flora miúda da região com suas lupas. É o supremo sacrifício que eles praticam: o esplendor monumental, a sublimidade, o mistério de Monte Albán sacrificados pelo humilde mas peremptório chamado da botânica criptogâmica.

SÁBADO

A caminho da casa de Boone, em Ixtlán. Acordado de um semicochilo (escarrapachado no ônibus, visões de pirâmides, terraços, o estádio, meu córtex reproduzindo Monte Albán) pelo grito de J. D.: "Pássaros!". Abro os olhos e o vejo alerta, esquadrinhando a cena com olhos ávidos de entendido.

Na oblíqua luz dourada do começo da manhã, vejo uma cabana à beira da estrada com um quintal abarrotado onde está um jumento — mas não consigo pegar minha câmera a tempo. Como ontem, em Monte Albán, quando vi um belo jovem, esbelto, musculoso, quase nu, em pé sobre uma saliência de rocha acima da grande arena. Ele poderia ter sido um dos habitantes originais — um jovem guerreiro sacerdote, talvez, oferecendo-se ao Sol. A beleza da figura humana contra o esplendor do cenário ao fundo levou-me a procurar a câmera. Eu teria fotografado o rapaz, a cena inteira, mas justo naquele momento alguém me fez uma pergunta, e quando me livrei dela o rapaz e o momento haviam desaparecido.

Penso na riqueza botânica que vemos aqui, não só as samambaias, mas todo tipo de outras coisas cujo grande valor passa despercebido. Os conquistadores foram ávidos por prata e ouro e esbulharam suas vítimas para obtê-los, mas essas não foram as verdadeiras benesses que levaram para sua terra. As verdadeiras dádivas, desconhecidas pelos europeus antes da conquista, foram o tabaco, a batata, o tomate, o chocolate, a abóbora, as pimentas, o milho, sem falar na borracha, na goma de mascar, nos alucinógenos exóticos, na cochonilha...

·107·

* * *

"Momento Kodak!", anuncia John Mickel quando o ônibus faz uma parada de alguns minutos. Estamos numa crista no alto da montanha, e picos menores se estendem como um oceano arborizado lá embaixo. Mas todo mundo se concentra em coisas minúsculas, pormenores, e só concede um relance superficial à vista deslumbrante. Dick, à minha frente, segura uma florzinha, uma *Lobelia*, ele supõe, e a examina minuciosamente com a lupa, louva sua beleza e ao mesmo tempo registra sua anatomia. Será o artista ou o cientista nele que se entusiasma com a *Lobelia*? Os dois, vê-se logo, e são totalmente fundidos.

O mesmo acontece com Robbin, que, nesta breve parada do ônibus, encontra uma pinha gigantesca e está agora marcando (com minhas canetas vermelha e verde) a disposição de suas escamas em espirais ao redor do cone, ordenadas em séries numéricas fixas. "Como é que alguém que não conhece a série de Fibonacci vai poder apreciar uma pinha como se deve?", ele reflete. (Ele já havia feito um comentário parecido a respeito das espirais logarítmicas dos báculos das samambaias.)

"Lapidar!", diz Nancy Bristow, examinando o cone. Nancy é matemática e professora por profissão, mas é botânica e observadora de pássaros por vocação. Pergunto o que ela quer dizer com "lapidar".

"Elegante... perfeitamente organizado... simétrico... completo... estética e matemática combinadas." Ela procura palavras, conceitos diferentes, agora que a forcei a refletir sobre sua exclamação.

"A conjetura de Goldbach é lapidar?", pergunto. "E o último teorema de Fermat?"

"Bem", ela pondera, "a prova é um tanto confusa."

"E a tabela periódica?", indago.

"Essa é particularmente lapidar", decreta, "tão lapidar quanto uma pinha, com o tipo de elegância que só Deus, ou um gênio, pode produzir — divinamente econômica, a implementação das mais simples leis da matemática." Nancy e eu nos calamos, surpresos ante a repentina exploração a que fomos levados pela simples palavra "lapidar".

Alguém clama subitamente "Birders!" (observadores de pássaros), alertando os *birders* presentes para os abutres negros rodeando os ares. Ouço errado, entendo "*murders!*" (assassinos), e me espanto com a animação do anúncio. Todos riem do meu engano, ainda mais quando dramatizo: "Vejam só, cadáveres! Tem um grandão ali. Caramba! E aquele, então?".

Pouco depois de passarmos por Ixtlán, já perto da casa de Boone, somos parados. Um jipe com uma metralhadora está bem visível à esquerda da estrada. Um moço usando calça de camuflagem e uma camiseta com os dizeres "Policía Judicial" entra no ônibus. Depois, um soldado de verdade, de farda cáqui, com capacete revestido de rede, botas, perneiras. Parece absurdamente jovem — deve ter uns dezesseis anos —, um menino brincando de soldado. Maneja a caneta sem muita prática. Dá um sorriso cativante — dentes muito brancos no rosto liso e escuro —, mas mantém sua metralhadora apontada. John apresenta documentos, nos identifica, mostra que somos do bem — o sorriso cativante continua, e somos autorizados a prosseguir. Mas facilmente poderia ter sido outra história. Esses garotos, com suas metralhadoras, atiram primeiro e perguntam depois (podemos supor) na presença de alguma contestação ou ambiguidade, pois está ocorrendo uma guerra civil, uma revolta, no estado de Chiapas, que não fica longe daqui, e o exército anda nervoso, desconfiado, impetuoso no gatilho. Tenho vontade de fotografar o policial e o soldado, mas temo que isso possa ser visto como afronta ou desafio.

Parar os veículos (e não raro fazer uma busca), interrogar e revistar bruscamente os passageiros, Luis afirma, está ficando cada vez mais comum em Oaxaca. De fato, vimos barreiras do exército nas estradas e esquadrões de busca por toda parte, embora esta tenha sido a primeira vez que nos param. Estão procurando contrabando, armas principalmente, mas também, Luis explica, gente com "intenções religiosas ou políticas", missionários, possíveis insurgentes que almejam provocar agitação — além de estudantes com "documentação insuficiente". Ninguém está acima de suspeita em tempos como este.

John aproveitou a deixa e disse que nossa religião era a botânica, e mostrou um emblema do Jardim Botânico de Nova York (podia ter usado minha camiseta rosa-cochonilha!).

"*Polypodia* pendendo das rochas", anuncia John, que depois de lidar na maior tranquilidade com as forças armadas, agora voltou ao seu eu botânico. "Vamos ver o gênero *Llavea*", acrescenta. Gosto desse nome, com seu duplo L ao modo galês. Não, não é galês, John me corrige; *Llavea* foi uma denominação adotada em 1816 em honra a Pablo de la Llave, que duzentos anos atrás viajou pelo México fazendo estudos botânicos.

Chegamos à propriedade de Boone, somos ejetados do ônibus e nos pomos a caminho num aclive acentuado. Estamos de novo bem alto, a mais de dois mil metros, e agora, com a adição de uma bronquite ligeiramente gripal (vários de nós a pegaram), eu me sinto meio sem fôlego. Boone vem ao nosso encontro — de ombros largos, compacto, nem um pouco sem fôlego (mas ele vive nesta altitude, portanto isso é normal para ele). Boone é robusto e ágil, apesar de seus mais de setenta e cinco anos. Não se surpreende ao saber do nosso encontro com o exército. Fala sobre a atual situação política do México, prossegue sem pausa, perguntando: "Já leram Locke?", e se põe a falar sobre *Dois tratados sobre o governo*. Agricultura, genética, política, filosofia: tudo se funde em sua espaçosa mente, e suas frequentes e súbitas transições de um assunto para outro são associações naturais para alguém desse tipo. Haverá um período no meio do dia em que alguns do grupo irão andar pela floresta, enquanto outros, como eu, poderão permanecer no alojamento — e então, prometo a mim mesmo, vou ter uma conversa de verdade com Boone, que me fascina cada vez mais e anseio por conhecer melhor. Mas esse desejo é frustrado: aparecem dois jovens botânicos que estudam solo — são recém-chegados da Noruega e fizeram uma peregrinação especial para ver Boone. Ele os cumprimenta, dá boas-vindas em norueguês fluente — quantas línguas este homem conhece, meu Deus do céu? — e desaparece, trancado em algum lugar com os dois.

O alojamento é ao mesmo tempo velhusco e encantador — ideal para um dedicado cientista visitante, intolerável talvez para qualquer outra pessoa. Há plantas enleadas por toda parte, uma lagartixa na pia e seis beliches muito próximos. Há uma boa mesa central para se fazer uma conferência e uma vasta área coberta lá fora para o preparo de espécimes. Há um fogão e um refrigerador, eletricidade, água corrente. O que mais poderia desejar um botânico visitante?

O que ele realmente deseja está lá fora, por toda parte — pois o alojamento fica numa rica e diversificada floresta, com mais de sessenta espécies de samambaia a um quilômetro da casa e mais de duzentas num raio de quinze quilômetros. O árido vale central e a cidade de Oaxaca estão a uma hora e meia ao sul, e a luxuriante floresta pluvial, a apenas duas ou três horas ao norte. Além disso, há a pequena plantação de Boone, onde ele ainda cultiva milho e muito mais, e seu pomar pessoal, que tem desde toranjas até rododendros, sem falar no tanque de peixes e nas estátuas antigas.

Carol Gracie colheu uma flor de maracujá, *Passiflora*, e agora improvisa uma palestra sobre o uso simbólico que os jesuítas faziam dela. Os três estigmas representavam os três pregos da Cruz; os cinco estames, as cinco chagas de Jesus; as dez tépalas, os dez apóstolos na crucificação; a corona, a coroa de espinhos; e as gavinhas, os açoites com que Cristo foi flagelado enquanto carregava a cruz até o Calvário. Se os bons padres possuíssem um microscópio, pensei comigo, teriam encontrado outra dezena de estruturas e simetrias que poderiam interpretar como símbolos da crucificação inseridos por Deus nas células das plantas.

Vou com Scott, Nancy e J. D. até uma plantação de maracujás, lugar ideal para observar beija-flores e borboletas, e para examinar a flora das ricas proximidades. Nem bem nos havíamos acomodado, J. D. avisa: "Um beija-flor! Na *Cryptomeria*. Tem uma faixa verde iridescente, como esmeralda". J. D. e Nancy avistam uma ave atrás da outra — devem ter identificado mais de vinte espécies em uma hora — e exclamam maravilhados a cada achado. Eu olho e não vejo lhufas. Ou melhor, vejo alguns falcões, alguns abutres, e mais nada — as coisinhas miúdas que são alvo de suas exclamações me passam totalmente despercebidas. É a minha vista, eu me desculpo, falta acuidade visual. Mas minha acuidade é boa — a falha está é no cérebro. Os olhos precisam ser educados, treinados — é necessário desenvolver o "olho" de observador de pássaros, ou de geólogo, ou de pteridólogo (eu, em compensação, tenho olho "clínico").

Enquanto isso, Scott, com seu olho treinado para observar interações entre animais e plantas, identifica flores rasgadas entre as do gênero *Passiflora*; outras flores, aparentemente intactas, ele divide com uma faca e constata que foram esvaziadas de néctar. "Entrada ilegal", diz com tristeza. Abelhas, é provável, chegaram antes que os beija-flores, ignoraram as formigas e roubaram o néctar, danificando várias flores no processo.

Enquanto admiro a destreza de Scott para secionar as flores, ouço a voz de J. D.: "Ah, meu Deus, é um peneireiro. Magnífico". Nancy, que me ouvira confundir falcões com abutres, fala sobre as diferenças aerodinâmicas entre eles, explica que os abutres, mas não os falcões, posicionam as asas em ângulos diédricos e então as balançam... *assim*. Ela tem um ponto de vista diferente (um ponto de vista da matemática e da engenharia) das aves e seus voos, enquanto J. D. é antes de tudo um taxonomista e ecologista. O interesse de Nancy por aves e plantas começou faz poucos anos, e ela emprega sua mente matemática nessa área. Fico entusiasmado ao perceber isso, ao ver que sua paixões por matemática abstrata e ciência natural não estão em compartimentos separados em sua mente, mas que podem se juntar, interagir e se fertilizar mutuamente, como agora.

David, o jovial químico botânico, exclama "Mispíquel!" toda vez que me vê. Eu respondo "Orpimenta!". E ele retruca "Realgar!". Há quem se cumprimente com um "toca aqui", batendo as mãos espalmadas; nós fazemos essa alegre saudação arsênica.

Vejo minhas primeiras cavalinhas gigantes na natureza — *Equisetum myriochaetum* — mais altas que eu. John diz que elas podem atingir quatro metros e meio de altura. Mas que tamanho tem o caule, pergunto. Ele faz um O com o polegar e o indicador — um centímetro e meio de diâmetro, no máximo. Que decepção! Eu esperava ouvi-lo dizer que era como um tronco delgado, da grossura de um calamites jovem.

David, entreouvindo a conversa, reflete: "Você é mesmo um homem dos fósseis". (Eu lhe contara sobre meu interesse, minha iniciação em paleobotânica.) Robbin relata o caso de Richard Spruce, o grande explorador botânico, que topou com um bosque de cavalinhas no Equador no início dos anos 1860 e afirmou que as plantas tinham caules da grossura do seu pulso e lembravam uma floresta de lariços jovens. "Pude também me imaginar em uma floresta primeva de calamites", ele escreveu. Será, conjeturo, que Spruce teria de fato deparado com uma população milagrosamente viva de calamites, as cavalinhas gigantes de verdade que vicejavam no Paleozoico mas estão extintas há duzentos e cinquenta milhões de anos? Parece muito improvável, mas... não impossível. Talvez ele de fato as tenha encontrado, talvez ainda estejam lá, um enclave secreto, em algum mundo perdido na Amazônia. Robbin diz que essa é uma fantasia que ele tem às vezes ("em meus momentos mais irracionais, românticos"). Eu também tenho ideias assim de vez em quando. Afinal, coisas estranhas acontecem: a descoberta, em 1938, do celacanto, um peixe que se supunha extinto muito tempo atrás. A descoberta, nos anos 1950, de toda uma classe de moluscos que se pensava estarem extintos há quatrocentos milhões de anos. A descoberta das sequoias da espécie *Metasequoia* ou, mais recentemente, do pinheiro *Wollemia nobilis* na Austrália. Robbin fala dos platôs isolados na Venezuela, com paredões de rocha tão íngremes que o acesso ao topo só pode ser feito por helicóptero. Todas essas áreas têm espécies endêmicas, plantas únicas que não são vistas em nenhuma outra parte do mundo.

Reagrupamo-nos no alojamento e esparramamos nossos espécimes. A cavalinha gigante (mesmo não sendo o calamites) ofusca todas as outras em esplendor, a meu ver. Boone reaparece — tinha estado até agora com os cientistas noruegueses do estudo do solo — e nos leva lá para fora para mostrar o milho perene, *Zea diploperennis*, que ele plantou ainda em semente. O milho foi descoberto, num pedacinho de solo, há uns quinze anos em Jalisco, e Boone, entre outros, percebeu seu potencial agrícola como planta propriamente dita, mas também como espécime cujos genes resistem à ferrugem poderiam ser transferidos para outras variedades de milho. Ocorre-me, enquanto estamos todos aqui em volta de Boone, que ele é, de algum modo, diferente. Com seu extraordinário engenho técnico e originalidade, a vastidão de suas leituras e remissões, sua fervorosa dedicação vitalícia a restaurar a autoestima e a autonomia dos agricultores pobres de Oaxaca, ele é, tanto intelectual como moralmente, um ser de outra categoria. Ao lado do milharal alto, sua figura robusta que forma uma sombra diagonal sob o sol da tarde se despede de nós. Dá-me a impressão de uma figura rara, um personagem heroico e extraordinário — o milho alto, o sol forte, o velho tornam-se unos. É um daqueles momentos, indescritíveis, em que impera uma sensação de intensa realidade, tão realista que é quase sobrenatural — e então descemos a trilha até o portão, embarcamos no ônibus, todos numa espécie de transe, como quem teve uma súbita visão do sagrado, mas agora está de volta ao mundo secular, ao cotidiano.

Apeamos num local que John havia marcado e guardado na mente em suas viagens anteriores a Oaxaca. Aqui está, ele diz quando saímos do ônibus: *Llavea cordifolia* — talvez vocês nunca voltem a ver outra dessas. Ela só existe no sul do México e na Guatemala. John havia encontrado essa raridade endêmica na primeira vez que esteve em Oaxaca, esquadrinhando os barrancos ao longo da estrada.

Olho para a *Llavea*. Só mais uma samambaia, penso comigo (mas é um pensamento que eu não ousaria expressar neste grupo!).* Ao mesmo tempo, vejo pelo canto do olho algo infinitamente mais estranho e, para mim, mais interessante: uma *Pinguicula*, planta carnívora. Tem folhas ovais e mucilaginosas — toco nelas com cautela —, pequenos insetos ficam grudados na mucilagem e são digeridos aos poucos.

A *Llavea* não é assim tão rara. Suponhamos, digo a Robbin, que existam apenas umas vinte ou trinta

---

* Quando acabei dizendo isso a Robbin mais tarde, ele ficou indignado. A *Llavea* era extraordinária, argumentou, pois tinha seus órgãos reprodutivos, seus folíolos férteis, na mesma folha que continha seus folíolos estéreis, e os dois possuíam formas totalmente distintas. Uau! E sua raridade e habitat restrito tornavam-na duplamente fascinante. "Não é qualquer samambaia que tem essas qualidades!", ele exclamou.

plantas no total, todas num só lugar, e em nenhum outro. A localização seria publicada e divulgada? Robbin e Judith Jones, que está sentada ao lado dele, concordam que, nessas circunstâncias, o local não seria levado a público. Menciono uma cicadácea exótica, uma espécie de *Ceratozamia*, da qual foram encontradas vinte e poucas representantes no Panamá. Toda essa população foi extraída por um colecionador, o que extinguiu a espécie na natureza. Judith, que dirige uma estufa de samambaias no noroeste do Pacífico, menciona um botânico, Carl English, que nos anos 1950 anunciou ter descoberto uma nova avenca, a *Adiantum* anã, mas não quis apontar onde. Por isso não acreditaram nele, ou disseram que ele vira apenas uma "mutação" sem interesse especial. Trinta anos depois, quando ele já estava morto, foi encontrada uma segunda população isolada, e assim, postumamente, sua palavra foi confirmada. Mas por que ele omitira a localização? Sua motivação não era comercial. Ele não visava ao lucro, distribuía esporos de graça para o mundo inteiro. Era, talvez, uma motivação em parte profissional, um desejo de estabelecer a prioridade científica (embora em vão, neste caso, pois ninguém acreditou nele), e em parte protetora, para impedir que o pequeno grupo de plantas fosse destruído por colecionadores. Ou talvez, pensa Judith, ele apenas fosse alguém que gostava de ter seus segredos.

Isso nos leva, enquanto o ônibus vai rodando pelas montanhas, ainda bem mais alto do que Oaxaca, a uma longa discussão sobre a transparência e o segredo na ciência, às questões de prioridade, pirataria, patentes, plágio. Digo que fico satisfeito quando pacientes meus são examinados por colegas, acolho de muito bom grado qualquer interesse genuíno pelo estado deles, mas tenho alguns colegas que não são assim, não querem que eu (ou qualquer outro) examine seus pacientes, mesmo que de relance, porque temem ser "passados para trás". Mesmo sua correspondência é pouco informativa e contida. Menciono Lavoisier, que fez questão de deixar meticulosas anotações sobre todas as suas descobertas e guardá-las, seladas, na Academia de Ciências, para que ninguém jamais pudesse contestar sua prioridade, mas por outro lado, vergonhosamente e na maior desfaçatez, se apropriou de descobertas feitas por outros. Concordamos todos: essas coisas são mesmo muito complexas.

Voltando da visita a Boone, empolgados, exaustos, Robbin e eu decidimos passar uma última noite na cidade — um derradeiro passeio pelo *Zócalo*, uma última refeição num dos cafés na calçada. Mas primeiro iremos ao museu cultural da cidade, um vasto acervo de artefatos pré-hispânicos guardado em um enorme convento do século XVII. A riqueza, a variedade desses dias recentes nos deixaram atordoados, e precisamos ver um resumo, uma síntese, tudo ordenado e catalogado diante de nós.

Paramos primeiro na biblioteca do museu, uma sala compridíssima e alta, forrada até o teto com incunábulos e livros antigos encadernados em pelica.Temos uma sensação de grande erudição, de tranquilidade, da imensidão da história e da fragilidade dos livros e do papel. Foi essa fragilidade que possibilitou aos espanhóis destruir quase completamente os registros escritos dos maias, dos astecas e das civilizações precedentes. Seus requintados e delicados livros manuscritos em cortiça não tinham chance de sobreviver aos autos de fé dos conquistadores, e foram destruídos aos milhares — não resta sequer meia dúzia deles. Os escritos e glifos gravados nas estátuas e templos, placas e tumbas eram um pouco menos vulneráveis, mas muitos continuam indecifráveis, ou quase isso, apesar de um século de esforços. Contemplando os volumes frágeis desta biblioteca, penso na grande biblioteca de Alexandria, com suas centenas de milhares de pergaminhos únicos, não copiados, cujo incêndio pôs a perder grande parte do conhecimento do mundo antigo.

Em Monte Albán ficáramos sabendo sobre a Tumba 7, onde um fabuloso tesouro havia sido descoberto, o equivalente mesoamericano da tumba de Tutancamon. O tesouro hoje exposto no museu é um tanto recente, pois o conteúdo original do século VII encontrado na tumba foi removido, e a tumba foi reutilizada no século XIV para sepultar um nobre misteca, seus servos e um tesouro de ouro, prata e pedras preciosas. Há grandiosas urnas funerárias, como as que vimos em Monte Albán. E belas joias e ornamentos de metal — ouro, prata, cobre e ligas desses três — e de jade, turquesa, alabastro, quartzo, opala, obsidiana, *azabache* (seja lá o que for isso) e âmbar. O ouro não era valorizado pelos pré-colombianos por si mesmo, mas apenas por sua virtude de poder ser moldado em objetos belos. Os espanhóis achavam isso incompreensível, e com sua cobiça derreteram milhares, talvez milhões de artefatos de ouro para encher seus cofres com o metal. O horror desses fatos se apodera de mim quando fito os poucos artefatos de ouro que foram preservados, por um raro acaso, na Tumba 7. Pelo menos nesse sentido os conquistadores se mostraram muito mais grosseiros e menos civilizados que a cultura que aniquilaram.

Uma vitrine é dedicada à cosmologia das culturas pré-hispânicas, com todos os seus deuses do sol, da guerra, das "forças atmosféricas em geral", do milho, dos terremotos, do mundo dos mortos, dos animais e ancestrais (uma associação interessante), dos sonhos, do amor e da luxúria.

Em outra vitrine vemos pequenos espelhos feitos de pirita e magnetita. Por que será que as culturas mesoamericanas apreciavam a magnetita por seu brilho e beleza, mas não descobriram que ela é magnética e que, se posta a flutuar na água, pode funcionar como bússola? E nem que, se fundida com carvão, produz um ferro metálico?

Muito me admira que essas culturas brilhantes, complexas, de tamanho refinamento em matemática e astronomia, engenharia e arquitetura, tão ricas em arte e cultura, tão profundas em sua noção do cosmos e em seus rituais, ainda estivessem numa era pré-roda, pré-bússola, pré-alfabeto, pré-idade do ferro. Como podiam ser tão "avançadas" em alguns aspectos e tão "primitivas" em outros? Ou será que tais termos são inaplicáveis?

Se compararmos a Mesoamérica com Roma e Atenas, começo a perceber, ou com a Babilônia e o Egito, ou China e Índia, ficamos perplexos com a disparidade. Nesses assuntos, porém, não há escala, não há linearidade. Como avaliar uma sociedade, uma cultura? Só podemos perguntar se nelas estavam presentes as relações e atividades, as práticas e habilidades, as crenças e os objetivos, as ideias e os sonhos que fazem parte de uma vida humana plena.

Esta minha viagem revelou-se uma visita a uma cultura e um lugar muito diferentes, uma visita, em um sentido profundo, a outro tempo. Eu pensava, na minha ignorância, que a civilização havia começado no Oriente Médio. Mas aprendi que o Novo Mundo também foi um berço da civilização. O poder e a grandiosidade do que vi tiveram grande impacto sobre mim e alteraram minha noção sobre o que é ser humano. Monte Albán, principalmente, revolucionou toda uma vida de pressuposições, mostrando-me possibilidades com as quais eu nunca sonhara. Vou reler Bernal Díaz e *Conquest of Mexico* [Conquista do México] que Prescott escreveu em 1843, porém com uma perspectiva diferente, agora estive em partes dessa terra. Vou refletir sobre essa experiência, vou ler mais e com certeza vou voltar.

DOMINGO

Hoje, neste passeio final, estamos viajando ao sul de Oaxaca, rumo à cidade de Sola de Vega. Em nossa última coleta, vamos a uma área de calcário para ver samambaias calcícolas, que vivem nesse tipo de solo, e outras plantas. Sinto uma certa exaustão, ou pelo menos uma exaustão narrativa, mas não vejo o mesmo acontecer com os outros — é como se estivessem vendo todas essas samambaias pela primeira vez na vida. Eu também as aprecio — e ao entusiasmo dos demais — mas talvez, com a sensação de que a viagem está para terminar, contento-me em fazer uma lista: *Cheilanthes longipila*; *Cheiloplecton rigidum*; *Astrolepis beitelii*; *Argyrochosma formosa*; *Notholaena galeottii*; *Adiantum braunii*; *Anemia adiantifolia*; duas espécies de *Selaginella*. Além de liquens, musgos, minúsculos agaves, mimosas e inúmeras MCAS.

Depois de ver as samambaias, voltamos para El Vado — o vau — para um último *brunch* sob os ciprestes *Taxodium* à beira do rio. Árvores magníficas, não tão grandes quanto El Tule, mas também esplêndidas quando vistas assim, agrupadas na margem do riacho (que se alarga e inunda a estrada na estação das chuvas, embora seja robusto, mesmo no meio da estação seca em que estamos). Meninas, que não têm ainda seis anos, lavam roupa no rio. E somos acompanhados pelos cães do vilarejo, uma dúzia ou mais, de tamanhos, raças e cores espantosamente diferentes — não são como os vira-latas homogeneizados que vimos em outros lugares. São atraídos (como nós, inclusive eu, que sou quase vegetariano) pelo delicioso aroma de carne assada na brasa, e nos alegra alimentá-los enquanto comemos. É curioso como são polidos. Três ou quatro rodeiam uma pessoa e esperam, de prontidão, mas conformados em aguardar sua vez. São alimentados sempre na mesma ordem: 1, 2, 3, 4... 1, 2, 3, 4. Nenhum tenta furar a fila ou tirar a carne dos outros — ficamos impressionados com essas maneiras sociais, essa noção de equidade, ou será apenas hierarquia e dominância? Como se comportam os cães selvagens ou hienas diante de uma presa abatida? Terão esses cães um dono, ou donos, ou serão apenas comensais semisselvagens que vivem no vilarejo? Explicaram-me que os moradores raramente possuem cachorros ou os tratam como animais de estimação. A maioria se esconde e sobrevive de restos, e as pessoas chutam-nos sem pensar duas vezes. Parecem domesticados, e mesmo assim sinto um pouco de medo de comer aqui, cercado por sete deles. Um medo de seu potencial lupino; pergunto-me com que facilidade eles poderiam tornar-se selvagens e se voltar contra um de nós, humanos. Provavelmente nós merecemos. (Talvez essa inquietação, esse medo, existam sempre em mim quando estou perto de cachorros grandes. Amo os cães, inclusive meu nome do meio é canino, ou melhor, lupino: Wolf [lobo]. Mas a primeira coisa de que me lembro na vida é de ter sido atacado e mordido por um cachorro, Peter, o nosso chow, quando tinha apenas dois anos. Puxei seu rabo quando ele estava comendo, roendo um osso, e ele deu um pulo e mordeu minha bochecha.)

A mãe de Luis veio conosco e, ajudada por Umberto, o motorista, e por Fernando, filho dele, armou mesas à beira do rio. O irmão de Luis é açougueiro e forneceu a carne deliciosa; sua mãe, excelente cozinheira, preparou dois magníficos pratos tradicionais: *estofado de pollo*, um cozido espanhol de galinha ao molho de amêndoas, e *mole amarillo*, com carne de porco temperada com *yerba santa* e *pitiona*. E tudo isso — a carne e as tortilhas — regado a chocolate quente, uma enorme chaleira de chocolate de Oaxaca com canela — bebida na qual estou irremediavelmente viciado desde a semana passada. A atmosfera do nosso *brunch* é de grande simpatia e descontração. Estamos juntos há nove dias, todos nos conhecemos. Nos esforçamos arduamente, subimos barrancos, saltamos riachos e vimos um quarto das mais de setecentas espécies de samambaia de Oaxaca. Amanhã teremos de deixar este lugar, voltar para nossos empregos em Los Angeles, Seattle, Atlanta, Nova York. Mas neste momento nada temos a fazer, senão sentar sob os grandes ciprestes à beira do rio e usufruir o simples prazer animal de estar vivos (talvez o prazer vegetal também; sentir como seria viver, sem pressa, século após século, e ainda se perceber jovem aos mil anos de idade).

A tarefa, ou diversão que me impus, escrever um diário, vai chegando ao fim. Estou surpreso por tê-la cumprido com tanta pertinácia —, mas é minha paixão representar tudo em palavras. Fiz estas últimas anotações sentado debaixo duma árvore, não um dos ciprestes, mas uma opúncia, e John Bristow (o terceiro John no grupo!), tão obsessivo com a câmera quanto eu com a caneta, discretamente bateu uma foto minha quando pensou que eu não estava vendo.

Sol poente, longos raios, vilarejos zapotecas e igrejas quinhentistas douradas — uma terra meiga, branda, delicadamente ondulada. Foi uma viagem adorável. Fazia muitos anos que eu não apreciava tanto uma viagem, e não consigo analisar, neste momento, o que seria mais... mais certo. Os suaves contornos dos montes desgastados, a beleza. E agora, na penumbra do crepúsculo, passamos novamente por El Tule, com seu vulto enorme apequenando a velha missão vizinha.

É curioso, mas os montes em tênue sombreado me lembram os que vemos na Rota 50, perto de Tracy, na Califórnia, e uma fotografia que tirei deles nos anos 1960. Sinto-me jovem de novo, ou melhor: sem idade, atemporal.

Uma mão — morena, bem-feita, musculosa — aparece fora da janela de um ônibus pelo qual passamos. É bela por si mesma. Não sinto curiosidade sobre seu dono.

O amanhecer é anunciado pelo aparecimento do brilhante disco quase cheio da lua na minha janela. Ela traz uma luz diáfana ao quarto toda manhã por volta das quatro e meia, e agora, três horas depois, ainda está visível, alta no céu em plena luz do dia, enquanto nos preparamos para sacolejar pela cidade até o aeroporto. Dezoito de nós pegarão o primeiro avião para a Cidade de México — e de lá nos espalharemos pelos Estados Unidos. John e Carol, além de Robbin, vieram à cidade para despedir-se de nós. Abraços emocionados, votos de nos reencontrarmos, talvez numa futura visita a Oaxaca. Eu, é claro, verei os três em Nova York daqui a duas semanas, mas alguns dos outros talvez não os vejam por um bom tempo.

A caminho do aeroporto, reflito sobre minha viagem a Oaxaca. Tinha sido planejada como uma excursão para ver samambaias, uma espécie de amplificação dos passeios de sábado que fazemos no verão para observar as samambaias na região de Nova York. E foi isso, uma maravilhosa aventura no reino das samambaias, com novidades e surpresas, grande beleza em cada momento. Foi, também, uma revelação do quanto pode ser profundo e arrebatado o amor por elas — penso em John arriscando a vida para pegar uma *Elaphoglossum* — e de que o nosso entusiasmo comum nos uniu. Quando nos encontramos, há apenas dez dias, éramos quase estranhos, e nesse breve período nos tornamos amigos, uma espécie de comunidade. Agora nos separamos, relutantes e tristes, como uma trupe de atores em fim de temporada.

Dave e eu trocamos um último M-O-R:

"Mispíquel!"

"Orpimenta!"

"Realgar!"

Um grande sujeito. Escreverei para ele, e espero tornar a vê-lo, algum dia.

ESTA OBRA FOI COMPOSTA PELA SPRESS EM TIMES E IMPRESSA EM OFSETE
PELA GEOGRÁFICA SOBRE PAPEL PÓLEN SOFT DA SUZANO PAPEL E CELULOSE
PARA A EDITORA SCHWARCZ EM JANEIRO DE 2012

A marca FSC é a garantia de que a madeira utilizada na fabricação do papel deste livro provém de florestas que foram gerenciadas de maneira ambientalmente correta, socialmente justa e economicamente viável, além de outras fontes de origem controlada.